Dieses Buch gehört:

_____

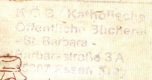

Andreas H. Schmachtl, geboren 1971, studierte Kunst, Germanistik und Anglistik in Oldenburg. Einen Gutteil seiner Zeit verbringt er in England, wo die Ideen zu seinen Büchern entstehen. Nicht zufällig geht es darin hauptsächlich um Igel, Mäuse und andere kleine Leute, deren Schutz und Erhalt ihm besonders am Herzen liegen.

Weitere lieferbare Titel unter: *www.tilda-apfelkern.de*

Verlag und Autor weisen darauf hin, dass die Informationen in diesem Buch sorgfältig geprüft wurden. Eine Garantie beziehungsweise Haftung für Schäden, die durch das Befolgen der Hinweise in diesem Band auftreten, kann von Verlag und Autor nicht übernommen werden.

1. Auflage 2016
© Arena Verlag GmbH, Würzburg 2010
Alle Rechte vorbehalten
In anderer Ausstattung bereits im Verlag erschienen.
Text und Illustrationen: Andreas H. Schmachtl
Gesamtherstellung: Westermann Druck Zwickau GmbH
ISBN 978-3-401-70937-0

www.arena-verlag.de
Mitreden unter forum.arena-verlag.de

Andreas H. Schmachtl

Tilda Apfelkern

Rezepte zum Glücklichsein

Ein Koch- und Backbuch für dich und liebe Freunde

Arena

Die Rezepte

Tilda Apfelkerns Rezepte
   zum Glücklichsein   9
Vor den Köstlichkeiten ein
   paar Nützlichkeiten   11

Wunderbares Frühstück

Heidelbeerpfannkuchen   13
Bananenpfannkuchen   14
Buttermilch-Apfelküchlein   14
Sahnewaffeln mit Nussbutter   15
Krosse Honigtäfelchen   16
Müslivariationen   17
Frühstücksei   17
Englisches Frühstück   19

Häppchen fürs Picknick

Gemüsestifte mit Dips   20
Avocadocreme   21
Kräuterfrischkäsecreme   22
Dip aus Lachs und Ei   22
Schafskäsecreme mit Extras   23
Käseblättchen   24
Oliven und Würstchen im
   Schlafrock   25
Frikadellen und Hackbraten   26
Melonenschiffchen   27

Herrlich frische Salate

Nudelsalat: klassische Variante   28
Nudelsalat: fruchtige Variante   29
Erdbeeren auf Rucola   29
Fruchtiger Blattsalat mit Orangen   30
Kartoffelsalat aus dem Norden   31
Kartoffelsalat aus dem Süden   31

Herzhaftes für Sommertage

Antipasti à la Tilda   32
Gegrillte Gemüsespieße   33
Gebackener Schafskäse   34
Mini-Blätterteig-Pizzen   34
Spinat mit Eier-Insel   35
Bunte Paprika-Quiche   36

Herzhaftes für kalte Tage

Gemüsesuppe 37
Kürbissuppe 38
Gefüllte Kartoffeln 39
Backofenkartoffel 40
Kartoffel-Blumenkohl-Auflauf 41
Bunte Gemüsechips 42
Kartoffelpüree mit Sellerie 42
Bratkartoffeln 43
Kartoffelpuffer mit Apfelmus 44

Nudelfest im Heckenrosenweg

Makkaroni-Auflauf 45
Klassische Nudelsoßen 46
Milchsuppe 47

Warme Süßspeisen

Kaiserschmarren 48
Milchreis 49
Arme Ritter 49
Rhabarber-Grieß-Schaum 50
Süßer Nudelauflauf 50

Einladung zum Fünf-Uhr-Tee

Sandwiches 51
Englische Teebrötchen 52
Rührkuchen 53
Zwetschgenkuchen vom Blech 54
Zimtschnecken 55
Käsekuchen 56

Plätzchen: Köstlich nicht nur zur Weihnachtszeit

Haferflockenhäppchen 57
Orangentafeln 58
Kokostafeln 58
Ingwerplätzchen 59
Vanillekipferln 60

Desserts: Zum Schluss das Beste

Trifle 61
Maus (ähm) Mousse au Chocolat 62
Pudding 62
Wackelpudding 62

Fruchtiges Vergnügen

Erdbeermarmelade 64
Apfelmus 65
Rote Grütze mit Vanillesoße 66

Mit Schokolade: Das macht jeden glücklich!

Brownies 67
Chocolate Chip Cookies 68
Schokorührkuchen 69
Erdbeeren mit Schokolade 69
Schokokrossies 70

Mit Äpfeln: Tildas Lieblingsrezepte

Applepie 71
Bratäpfel mit Vanillesoße 72
Apfel-Crumble 73
Apfelstrudel mit Vanilleeis 74

Mit Nüssen: Die besten Rezepte von Edna Eichhorn

Haselnusstorte 75
Marzipanknöpfchen 76
Erdnussbutterkekse 77
Walnussplätzchen 78

Weihnachtliche Schlemmereien

Spekulatius-Kuchen 79
Lebkuchen-Parfait 80
Apfel-Spekulatius-Tiramisu 80
Gewürzschnitten 81

Leckere Getränke

Holunderblütensaft 82
Milchshakes 83
Maibowle 83
Getränke zum Aufwärmen 84

Das reinste Glück 85

Tilda Apfelkerns Rezepte zum Glücklichsein

Es war Dienstag in dem kleinen Dorf irgendwo zwischen den Hügeln. Natürlich war es auch sonst überall Dienstag. Aber nur hier erwartete die holunderblütenweiße Kirchenmaus Tilda Apfelkern ihre liebe Freundin Molly zum Tee.
Molly war schon zehn Minuten zu spät, was eigentlich gar nicht zu ihr passte. Doch nun kam die graue Postmaus endlich den Heckenrosenweg hinaufgeeilt.
Tilda öffnete ihr die Tür und rief: „Oh, Liebes, was ist denn passiert? Du siehst ja nicht sehr fröhlich aus!"
„Ach", seufzte Molly. „Seit Tagen gibt es nur Regen, Regen, nichts als Regen. Das ist doch scheußlich."
Tilda führte ihre Freundin in die Küche, rubbelte sie gründlich trocken und reichte ihr augenblicklich einen Becher mit heißem Tee. „Jetzt geht es dir gleich besser", versprach sie. Weil Molly aber noch immer recht geknickt dreinschaute, rief Tilda ihren Freund Rupert an und berichtete ihm alles.

„Hast du ihr einen Tee gemacht?", fragte der Igel. „Du weißt, der hilft immer."

„Eben nicht", entgegnete Tilda ratlos. „Könntest du nicht mal kurz herüberkommen? Vielleicht gelingt es uns gemeinsam, die arme Molly ein wenig aufzumuntern."

„Bin gleich da", versprach Rupert. „Und ich bringe die anderen am besten auch gleich mit."

Diese anderen waren Edna Eichhorn, ihre Zwillinge Billy und Benny und Robin Rotkehlchen natürlich.

Im Nu war das kleine Mäusehaus mit so viel quirlig buntem Leben, Scherzen und Lachen erfüllt, dass endlich auch um Mollys Mundwinkel wieder ein kleines Lächeln spielte.

„Und was tun wir nun, wo wir schon alle zusammen sind?", fragte Edna. „Hinausgehen können wir bei diesem Wetter ja beim besten Willen nicht."

„Wir sollten etwas essen!", schlug Robin vor. Das tat er nämlich immer. „Und Molly geht es auch wieder besser, wenn sie erst mal etwas Feines im Magen hat."

„Oh ja", stimmten die Zwillinge zu. „Etwas mit Nüssen … und Schokolade! Die macht auf jeden Fall glücklich."

„Das tut ein schöner Salat auch", sagte Rupert.

„Oder eine warme Suppe", rief jetzt sogar Molly.

Da schmunzelte Tilda und lief zu ihrem Bücherregal. Denn dort bewahrte sie einen wahren Schatz auf: ihr Kochbuch.

Tilda legte das Buch auf den Küchentisch und schlug es auf. In ihrer schönsten Schrift stand da zu lesen:

Rezepte zum Glücklichsein

Vor den Köstlichkeiten noch ein paar Nützlichkeiten

Die Zutaten sind meistens mit Abkürzungen versehen, die ich vielleicht erklären sollte. Also:

EL = Esslöffel
TL = Teelöffel
Msp = Messerspitze
P. = Päckchen

ml = Milliliter
l = Liter
g = Gramm

kg = Kilogramm
gestr. = gestrichen
geh. = gehäuft

Temperaturen Jeder Ofen hat seine Eigenarten. Darauf muss man beim Backen immer achten. Normale Öfen brauchen meistens eine höhere Temperatur und zum Backen oder Garen auch ein wenig länger als Gas- und Heißluftöfen.

Wann ist ein Kuchen eigentlich gut? Ist ein Kuchen erst im Ofen, duftet er bald ganz köstlich. Irgendwann sieht er auch herrlich aus. Aber ist er auch wirklich schon gut, also durchgegart? Das findet man heraus, indem man mit einem Holzstab in die Mitte sticht, ihn herauszieht und schaut, ob noch Teig daran klebt. Ist der Kuchen dunkel genug, aber von innen noch zu weich, kann man ihn mit Alufolie abdecken und noch eine Weile weiterbacken.

Schwierigkeit Meine Rezepte sind eigentlich nicht wirklich schwierig. Die Gerichte gelingen praktisch immer. Nicht zuletzt darum machen sie wohl glücklich. Allerdings erfordern sie unterschiedlich viel

Vorbereitung und darum auch mehr oder weniger Zeit. Und genau dafür stehen die kleinen Äpfel über den Rezepten. Je mehr Äpfel, desto mehr Aufwand und Zeit.

Enorm wichtige Warnung Ich bin in meiner Küche stets vorsichtig. Denn der Umgang mit scharfen Messern, brodelnden Töpfen, heißem Dampf oder Backofenklappen ist nicht ungefährlich. Darum sollte jeder KLEINE Meisterkoch nur dann in der Küche werkeln, wenn ihm ein GROSSER Meisterkoch dabei hilft.

Rezept-Erfolg – Erfolgs-Rezept Meine Rezepte habe ich entweder selber ausgetüftelt, gesammelt oder geschenkt bekommen. Dann habe ich sie so genau aufgeschrieben, wie es eben ging. Trotzdem gehören Fantasie, Erfahrung und spontane Einfälle zum Backen und Kochen dazu – und natürlich allerbeste Zutaten. Darum mutig ans Werk: Wer weiß, ob am Ende nicht das pure Glück aus dem Ofen kommt!

Herzlichst

Eure Tilda Apfelkern

Wunderbares Frühstück

Oh, das Frühstück! Es ist einfach die wichtigste Mahlzeit des Tages, wie Urgroßtante Emily zu sagen pflegt. Wahrscheinlich meint sie damit, dass der Tag morgens noch funkelnagelneu vor uns liegt und wir das Wunderbarste daraus machen können ... wenn wir nur wollen! Ist das nicht ein großes Glück?

Hänschens Waldvergnügen
Heidelbeerpfannkuchen

Man nehme für 6 Pfannkuchen:

250 g Mehl
2 TL Backpulver
1 TL Salz
90 g Zucker
2 Eier
80 g zerlassene Butter
300 ml Milch
300 g Heidelbeeren, frisch oder gefroren

Vorsicht! Heidelbeerflecken gehen nur schwer aus dem Pelz. Vor allem, wenn er holunderblütenweiß ist!

Mehl, Backpulver, Salz und Zucker in eine Rührschüssel geben. Eier, zerlassene Butter und Milch in einem Rührbecher verquirlen, dem Mehl zufügen, und alles zu einem glatten Teig verrühren. Erst jetzt vorsichtig die Heidelbeeren unterheben. Schließlich werden Pfannkuchen von ca. 15 cm Größe bei schwacher Hitze von beiden Seiten in der Pfanne goldbraun gebacken. Vorsicht beim Wenden!

Bananen unbedingt vor den Affen schützen. Sonst wird es nämlich nichts mit dem morgendlichen Glück!

Frühstück in Afrika
Bananenpfannkuchen

MAN NEHME FÜR 15 KLEINE PFANNKUCHEN:

250 g Mehl	2 Eier, 125 ml Milch
2 TL Backpulver	250 g saure Sahne
1 Prise Muskatnuss, gemahlen	480 g Bananenmus
60 g Zucker	125 g Butter

Mehl, Backpulver und Muskat mit dem Zucker in eine Rührschüssel geben. Eier mit Milch verquirlen. Anschließend die Bananen mit einer Gabel zu Mus zerdrücken, mit Butter, Sahne und Eiermilch zum Mehl geben, und alles zu einem Teig verrühren. Pfannkuchen von 10 cm Größe von beiden Seiten goldbraun in einer heißen Pfanne backen. Mit Ahornsirup oder Puderzucker servieren.

Weil's schön macht
Buttermilch-Apfelküchlein

MAN NEHME FÜR 12 KÜCHLEIN:

1 Ei	1 grüner Apfel, geschält, gerieben
250 ml Buttermilch	125 g Mehl
2 TL Zucker	½ TL Backpulver
30 g zerlassene Butter	Zimt-Zucker-Mischung

2 EL Zucker auf 1 TL Zimt

Ei, Buttermilch, Zucker und Butter mit dem geriebenen Apfel verrühren. Mehl und Backpulver in eine Schüssel geben und Mehlmasse zufügen, und alles zu einem Brei vermengen. Pro Küchlein 3 EL Teig in eine heiße Pfanne geben und von beiden Seiten goldbraun backen. Mit Zucker und Zimt servieren.

Eichhörnchens Beste
Sahnewaffeln mit Nussbutter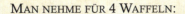

Nun, zunächst einmal braucht man die wirklich allerbesten Nüsse. Denn nichts ist schlimmer, hat Edna mir versichert, als eine taube Nuss!

MAN NEHME FÜR 4 WAFFELN:

FÜR DIE HASELNUSSBUTTER:
125 g weiche Butter 60 g Haselnüsse, abgerieben, geröstet

FÜR DIE WAFFELN:
250 g Mehl 250 ml Milch
1 TL Backpulver 1 TL Vanillearoma
2 EL Zucker 60 g Butter, zerlassen
3 Eier, getrennt Beeren zum Garnieren
375 g saure Sahne

Für die Haselnussbutter Nüsse ohne Fett in einer Pfanne rösten, bis sie eine leichte Färbung annehmen. Pfanne gelegentlich schwenken, damit die Nüsse nicht verbrennen. Butter und Haselnüsse in einem Mixer pürieren, in ein adrettes Gefäß füllen und kühl stellen.

Für die Waffeln Das Waffeleisen vorheizen. Mehl und Backpulver mit Zucker in eine Schüssel geben. Eigelb, Sahne, Milch, Vanillearoma und Butter vermengen und zum Mehl geben. Alles zu einem glatten Teig verrühren. Eiweiß steif schlagen und nach und nach unter den Teig heben. Dann portionsweise im Waffeleisen ausbacken. Mit der Haselnussbutter und verschiedenen Beeren servieren.

Bienenfleiß-Preis
Krosse Honigtäfelchen

MAN NEHME FÜR 30 KLEINE TÄFELCHEN:
30 g weiche Butter 40 g Mehl
35 g Puderzucker 1 Prise Salz
60 g Honig 1 TL Zimt

Ofen auf 230°C vorheizen. Backblech mit Backpapier bereitstellen. Butter und Puderzucker schaumig rühren. Dann den Honig hinzugeben. Mehl, Salz und Zimt unterrühren und 15 Minuten kühlen lassen. Anschließend teetassengroße Teigkleckse auf das Backblech geben und drei Minuten goldbraun backen. Noch heiß (!) mit einem Palettenmesser vom Papier nehmen und auskühlen lassen.

Die krossen Täfelchen sind mit Joghurt und Früchten, zerbröselt im Müsli oder einfach so ein Hochgenuss. Sogar, wenn man kein Bär ist. Ja, man muss nicht mal eine Biene sein ... Die Täfelchen können einem jeden Tag versüßen!

Quark- und Joghurtallerlei
Müslivariationen

MAN NEHME:
150 g Quark oder Joghurt   1 TL Honig
2 EL Fruchtsaft (z. B. Orangensaft)   Früchte oder Flocken nach Belieben

Quark oder Joghurt mit Fruchtsaft und Honig glatt rühren. Dann Früchte hinzugeben. Nach Belieben Zutaten wie Rosinen, Haferflocken, Cornflakes, Honigtäfelchen, Nüsse oder Kürbiskerne zugeben. Rupert findet zum Beispiel Joghurt mit Honig, frischen Erdbeeren und einigen frischen Waldmeisterblättchen unwiderstehlich.

Das Frühstücksei
Gekochtes Ei

MAN NEHME:
1 Ei

Rupert empfiehlt, das Ei am stumpfen Ende anzupiken, mittels eines Löffels in kochendes Wasser zu versenken, nach angemessener Weile wieder zu entnehmen und unter kaltem Wasser abzuschrecken.

Bis drei Minuten wird das Ei ganz fürchterlich weich.
Bis fünf Minuten wird das Ei wunderbar wachsweich.
Bis sechs Minuten wird das Ei hart.
Bis sieben Minuten wird es enorm hart.
Ab acht Minuten schließlich wird das Ei steinhart.

Spiegelei

MAN NEHME:
1 Ei   1 TL Butter oder
1 Prise Salz   Butterschmalz

Die Butter in der Pfanne heiß werden lassen, das Ei am Rand aufschlagen und in die Pfanne gleiten lassen. Leicht salzen und backen, bis das Eiweiß gestockt ist.

Rührei

MAN NEHME:
2 Eier   evtl. Schnittlauch oder
Salz, Pfeffer   andere Kräuter nach Belieben
1 TL Butter oder Butterschmalz

Die beiden Eier mit den Zutaten verquirlen. Butter in der Pfanne heiß werden lassen, das Ei dazugeben und stocken lassen. Mit einem Pfannenheber immer wieder das Unterste nach oben schieben, bis schließlich die gesamte Masse fest ist.

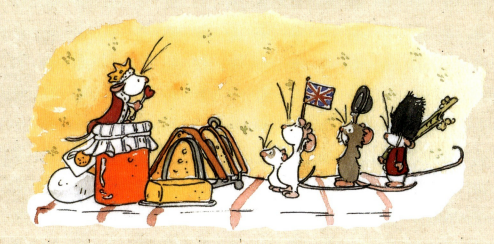

The Queen's Delight
Englisches Frühstück

Oh Rupie! Dieser Igel kann vielleicht essen! Aber SO ein Frühstück schafft sogar ER nur hin und wieder. Meistens döst er gleich danach im Sessel ein. Aber er sieht dabei wirklich ungeheuer glücklich aus.

MAN NEHME ALSO:

Am besten Nürnberger Bratwürstchen!

- Cornflakes
- Trockenpflaumen
- Milch
- Würstchen
- 1 Dose gebackene Bohnen in Tomatensoße (reicht für ca. 4 Portionen)
- 2 Scheiben Frühstücksspeck, gebraten
- 1 Tomate, gegrillt
- 2 Champignons, gegrillt
- Spiegelei oder Rührei
- gesalzene Butter
- Toast
- bittere Orangenmarmelade
- Erdbeermarmelade
- Honig
- … und natürlich schwarzen Tee!

Man beginnt mit den Cornflakes mit Milch und Trockenpflaumen. Dazu gibt es Tee mit Milch. Danach gibt es das warme Frühstück *(cooked breakfast)*. Tomaten und Champignons werden halbiert und mit der Schnittfläche in die sehr heiße Pfanne gelegt. Dazu kommen Speck und Würstchen. Die gebratenen Köstlichkeiten auf einen Teller geben und unter einem Topfdeckel warm halten. Danach kommen die Eier mit etwas zerlassener Butter in die Pfanne, wandern ebenfalls unter den Topfdeckel und schließlich werden die Bohnen erhitzt. (Das geht sehr schnell!) Schließlich werden alle Komponenten auf die Frühstücksteller verteilt und serviert. Erst danach wird der Toast gereicht: natürlich diagonal geschnitten und im Toastständer! Gesalzene Butter, Marmeladen, Honig und noch mehr frischer Tee gehören dazu.

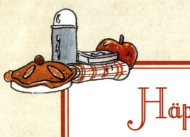

Häppchen fürs Picknick
… und andere Gelegenheiten

Ich liebe Picknicks im Grünen! Wenn es ringsum summt und brummt, wenn der Fluss leise plätschert und der Wind sanft den Duft der weiten Welt vorüberträgt … ach, das ist einfach wunderbar! Vorausgesetzt natürlich, man hat seine Freunde und genügend Köstlichkeiten dabei!

Knackiger Ackersmann
Gemüsestifte mit Dips

Man frage Rupert nach Gemüse aus seinem Garten …

UND NEHME FÜR 6 PERSONEN:

1 Salatgurke	1 Schälchen Zuckererbsen
1 Bund Staudensellerie	4 Karotten
3 Paprikaschoten	1 Schälchen Kirschtomaten
1 Kopf Brokkoli, hiervon die Röschen	

FÜR DEN DIP:

250 ml Sauerrahm	$\frac{1}{2}$ TL Worcester- oder Sojasoße
2 EL Mayonnaise	1 TL Meerrettichsahne
25 g Parmesan, gerieben	$\frac{1}{2}$ TL Senf
1 TL Zitronensaft	Kräutersalz

Für den Dip die Zutaten gründlich vermengen und kühl stellen. Brokkoliröschen und Zuckererbsen blanchieren* und abtropfen lassen. Die übrigen Gemüse in formschöne Streifen schneiden und schließlich auf einer Platte mit den Dipschälchen anrichten. Herrlich!

So grün und doch kein Frosch
Avocadocreme

Man nehme:
1 sehr reife (also weiche) Avocado
½ TL Zitronensaft
Kräutersalz
2 EL Hüttenkäse
evtl. Nordseekrabben

Die Avocado längs aufschneiden, Kern entfernen und Fruchtfleisch aus der Schale löffeln. Mit Hüttenkäse, Zitronensaft und Kräutersalz vermengen. Eine Gabel eignet sich hierfür am besten. Wer mag, kann nun noch Nordseekrabben oder anderes Meeresgetier hinzufügen. Dann aber auf jeden Fall kühl lagern!

* Das bedeutet: Kurz in heißes Wasser geben, in kaltem Wasser abschrecken ...

Mmh, Ziegenkäse!!! Muss ich wirklich noch mehr sagen?

Nett auf Baguette
Kräuterfrischkäsecreme

Man nehme:

100 g Ziegenweichkäse	1 Prise Kümmel
Thymian, getrocknet	1 Prise Meersalz
Kerbel, getrocknet	½ TL Senf
Rosmarin, getrocknet	½ TL Honig

Ziegenkäse mit einer Gabel zerdrücken, dann Senf und Honig unterrühren. Kräuter und Kümmel zugeben und mit Salz abschmecken. Dazu passt knuspriges Baguette.

Schottisch gedippt
Dip aus Lachs und Ei

Nun ist es schon so lange her, dass Molly aus Schottland in unser Dorf gekommen ist. Aber sie schwärmt immer noch von ihrer Heimat. Die klare Luft und der Nordwind, sagt sie, seien das reinste Glück. Nun, wenn sie das nächste Mal ihre Familie besucht, fahre ich besser mal mit!

MAN NEHME:

6–8 Scheiben Räucherlachs   1 kleine Zwiebel
4 Eier   (oder 2 Frühlingszwiebeln)
6 EL Salatmayonnaise   Salz, Pfeffer und Curry
2–3 Gewürzgurken   je 1 EL Olivenöl und Senf

Eier hart kochen, pellen und schneiden. Dann den Lachs in Streifen schneiden. Mayonnaise, Olivenöl und Senf in einer Schüssel vermengen. Eier und Lachs hinzugeben, und alles mit einer Gabel zerkleinern, bis eine einheitliche Masse entsteht. Gewürzgurken und Zwiebeln sehr fein hacken und unterheben. Zum Schluss mit Salz, Pfeffer und Currypulver abschmecken. Möglichst am selben Tag verbrauchen, aber das ist ja kein Problem: Der Dip schmeckt einfach zu lecker!

Griechisch gedippt
Schafskäsecreme mit Extras

MAN NEHME:

1 P. Schafskäse   1 kleine Knoblauchzehe, gehackt
1 Becher saure Sahne   Salz, Pfeffer

Den Schafskäse mit einer Gabel zerdrücken und mit der sauren Sahne verrühren. Die Creme mit Salz, Pfeffer und Knoblauch abschmecken.

Wer mag, kann auch noch getrocknete, eingelegte Tomaten in Stückchen schneiden und daruntergeben – oder Oliven oder Kräuter. Das schmeckt wie eine Reise ans Mittelmeer!

Robins immerfrischer Knusperhit
Käseblättchen 🍎🍎

Wohlgemerkt: Diese Häppchen heißen nicht etwa so, weil Robin sie besonders gut zubereiten könnte. Er isst sie nur besonders gern. Und immer, wenn er so vor sich hin knurpselt, geht mir glatt das Herz über.

MAN NEHME:

100 g Mehl	15 g Parmesan, fein gerieben
1 Prise Kräutersalz	1 Eigelb
Salz und Pfeffer	1 Ei, verquirlt
100 g Butter, gekühlt in Würfeln	10 g Parmesan, gerieben, zum Bestreuen
75 g Cheddar, gerieben	

Backofen auf 190° C vorheizen. Backblech mit Backpapier bereitstellen. Mehl, (Kräuter)salz, Pfeffer, Butterwürfel, Cheddar und Parmesan in einer Schüssel verrühren. Eigelb unterrühren, alles zu einem Teig verkneten und 20 Minuten kalt stellen. Anschließend auf einer bemehlten Fläche ca. 5 mm dick ausrollen und in kleine Quadrate oder Dreiecke schneiden. Diese mit Abstand auf das Blech heben. Mit verquirltem Ei bestreichen, mit Parmesan bestreuen und zehn Minuten backen.

Pyjamaparty
Oliven und Würstchen im Schlafrock

Also, ICH habe noch nie in Blätterteig geschlafen! Aber ich bin ja auch kein Würstchen.

Man nehme:

1 Glas Partywürstchen
1 Glas Oliven, entsteint
1 Paket Tiefkühlblätterteig, aufgetaut
1 Eigelb
Mehl zum Bestäuben

Ofen auf 180°C vorheizen.
Backblech mit Backpapier bereitstellen.
Würstchen und Oliven gut abtropfen lassen. Dann den Blätterteig auf einer leicht bemehlten Fläche dünn ausrollen. In kleine Quadrate schneiden und jeweils ein Würstchen oder eine Olive darauf platzieren. Die Ränder mit verquirltem Eigelb bestreichen und Ecke auf Ecke zuklappen. Anschließend mit Eigelb einstreichen und zehn bis fünfzehn Minuten backen. Schmeckt heiß oder kalt!

Der Picknick-Klassiker
Frikadellen und Hackbraten

Ohne Frikadellen müssten wir gar nicht erst zum Picknick aufbrechen. Jedenfalls nicht, wenn es nach Rupie ginge.

MAN NEHME:

500 g Hackfleisch (Rind, Schwein oder gemischt)
2 altbackene Brötchen
2 Eier (1 zusätzliches Ei für den Hackbraten)
1 mittelgroße Zwiebel
1 Knoblauchzehe nach Belieben
1 EL Senf
Pfeffer, Salz, Paprikapulver
Butterschmalz
evtl. Semmelbrösel

Die Brötchen in Wasser einweichen lassen, gründlich auswringen und mit dem Hackfleisch vermengen. Zwiebel schälen, fein hacken und hinzugeben. Knoblauchzehe schälen, durch die Presse drücken und ebenfalls hinzufügen. Die Eier und 1 EL Senf zufügen und mit Salz, Pfeffer und Paprikapulver würzen. Je nach Belieben größere oder kleinere Bällchen formen und in der geschlossenen Pfanne in Butterschmalz von allen Seiten durchbraten.

Für den Hackbraten wird das zusätzliche Ei hart gekocht, gepellt und als Ganzes in die Fleischmasse gegeben. Diese wird wie ein Brotlaib geformt, evtl. in Semmelbröseln gewälzt, im Backofen bei 180°C ca. 50 Minuten gebacken und nach dem Abkühlen in gleich dicke Scheiben geschnitten.

Ahoi!
Sommerliche Melonenschiffchen

Ach, das duftet geradezu nach Italien! Eines Tages sollte ich unbedingt mal hinfahren. Rupert rührt sich ja hier nicht weg, aber Molly wäre sicher sofort mit dabei.

MAN NEHME:
1 Netz- oder Honigmelone   8 Scheiben Parmaschinken

Die Melone quer halbieren, und die Kerne mit einem Löffel entfernen. Dann in Längsrichtung dünne Schiffchen aus den Hälften schneiden, erst dann von der Schale befreien. Jedes Schiffchen mit Schinken belegen oder umwickeln, eventuell mit Zahnstochern fixieren. Natürlich frisch und kühl genießen!

Herrlich frische Salate

Wichtig Schnecki mag seinen Salat grün und taufrisch … ohne Beilagen! Alle anderen aber mögen Beilagen … auch ohne Salat.

Tildas hochfeine Nudelsalate Nr. 1
Klassische Variante 🍎🍎

MAN NEHME:

500 g Nudeln (Fusilli) 1 grüne Paprika
1 kleines Glas Mayonnaise 1 Frühlingszwiebel
1 EL Senf 1 kleine Dose Mais
2 EL Olivenöl evtl. 100 g Kochschinken oder
2 Gewürzgurken kalte gebratene Hähnchenbrust
2 Tomaten Thymian, Oregano, Basilikum
Pfeffer und Salz

Nudeln wie gewohnt in Salzwasser kochen, dann abtropfen und auskühlen lassen. Gewürzgurken, Frühlingszwiebel, Paprika, Tomaten und Schinken bzw. Hähnchenbrust in ca. 1 cm große Würfel schneiden und mit den Nudeln vermengen. Mayonnaise mit Senf und Olivenöl vermengen, mit Pfeffer und Salz abschmecken und über den Salat gießen. Erst jetzt die frisch gehackten Kräuter zugeben, und das Ganze 30 Minuten ziehen lassen.

Tildas hochfeine Nudelsalate Nr. 2
Fruchtige Variante 🍎🍎

MAN NEHME:
500 g Nudeln 1 kleine Dose Mandarinen
1 Stange Lauch 2 EL Olivenöl
6 Scheiben Thymian, Pfeffer und Salz
Kochschinken evtl. Curry

Nudeln in Salzwasser kochen und auskühlen lassen. Lauch in dünne Ringe schneiden, gründlich waschen. Kochschinken ebenfalls in schmale Streifen schneiden, und alles mit den Nudeln vermengen. Mandarinen abtropfen lassen (aber den Saft verwahren) und zum Salat geben. 2 EL Mandarinensaft mit 3 EL Olivenöl vermengen, Thymian, Pfeffer, Salz und eine Prise Curry hinzugeben, alles über den Salat geben und mindestens eine Stunde marinieren lassen.

Gemütlich im Salatbett
Erdbeeren auf Rucola 🍎

MAN NEHME:
1 Paket Rucola 1–2 EL Zitronensaft
1 Schale Erdbeeren Salz
1 Becher saure Sahne Pfeffer

Den Rucola gut waschen, und die harten Enden der Stiele entfernen. Aus der sauren Sahne, Zitronensaft, Pfeffer und Salz eine Vinaigrette rühren, über die Rucola-Blätter geben und die gewaschenen, in Scheiben geschnittenen Erdbeeren darauf verteilen.

Oh, Lollo, oh!
Fruchtiger Blattsalat mit Orangen

Man nehme

1 Kopf Salat (z. B. Lollo Rosso)
1 Orange
1 rote Zwiebel
2 EL Balsamico-Essig
1 TL Honig
6 EL Olivenöl
Salz, Pfeffer

Den Salat waschen und in kleinere Stücke zupfen. Die Zwiebel in Ringe schneiden. Die Orange schälen und in Stücke schneiden. Aus Essig, Honig, Salz und Pfeffer eine Salatsoße rühren, das Öl hinzufügen und über den Salat, die Zwiebelringe und die Orangenstücke geben.

Rupies Ackerkrumenstolz
Kartoffelsalat – mal so, mal so

Rupert rät Kartoffeln können niemals langweilig sein. Dafür gibt es einfach zu viele verschieden Sorten. Vor allem Bamberger Hörnchen, Vitelotte und King Edward MUSS man probiert haben!

Kartoffelsalat aus dem Norden 🍎🍎

MAN NEHME:

500 g festkochende Kartoffeln	1 EL Senf
(Bamberger Hörnchen)	1 EL Olivenöl
1 Gemüsezwiebel	Gewürzgurken
2 Eier	Pfeffer, Salz
1 kleines Glas Mayonnaise	1 Prise Zucker

Kartoffeln kochen, pellen und abkühlen lassen. Eier hart kochen, pellen und ebenfalls abkühlen lassen. Gemüsezwiebel schälen und in Würfel schneiden (nicht zu fein). Gewürzgurken und Eier ebenfalls in Würfel schneiden. Dann alles in eine Schüssel geben. Jetzt werden die Kartoffeln in 1 cm dicke Scheiben geschnitten. Mayonnaise mit Senf und Olivenöl vermengen, mit Salz, Pfeffer und Zucker abschmecken, und alles behutsam verrühren. Der Salat sollte mindestens eine Stunde kühl ruhen.

Kartoffelsalat aus dem Süden 🍎🍎

MAN NEHME:

500 g festkochende Kartoffeln	1 TL Essig
2 Frühlingszwiebeln	3 EL Speiseöl (z. B. Distelöl)
100 g Schinkenwürfel	Pfeffer, Salz, 1 Prise Zucker

Kartoffeln kochen, pellen, in 1 cm dicke Scheiben schneiden und noch warm (!) mit den Schinkenwürfeln vermengen. Speiseöl, Essig, Pfeffer, Salz und Zucker verrühren und über den Salat geben.
Bis zum Abkühlen marinieren lassen, und erst dann die fein geschnittenen Frühlingszwiebeln hinzugeben.

Herzhaftes für Sommertage

Der liebe Rupie mag Sommertage einfach nicht. Igel vertragen nämlich keine Hitze. Nun, dann warte ich eben, bis es am Abend kühler wird, und reiche ihm ein paar Köstlichkeiten, wenn wir gemeinsam vor dem Haus sitzen und die laue Luft genießen. Ich liebe das! Denn Glück ist auch, wenn es anderen schmeckt!

Signorina Semedimela
Antipasti à la Tilda

Man nehme:

1 Aubergine	Thymian, frisch oder getrocknet
250 g Zucchini	150 ml Olivenöl
200 g Karotten	1 EL Zitronensaft
3 rote Paprikaschoten	Basilikumblätter, frisch gehackt
20 Champignons, klein, gewaschen	2 EL Balsamico-Essig
Salz und Pfeffer	

Paprikaschoten halbieren und entkernen. Dann alle Gemüse in 1 cm dicke Streifen oder Scheiben schneiden. Alles auf einem Backblech ausbreiten, mit Salz, Pfeffer und Kräutern bestreuen und mit Olivenöl übergießen. Mindestens 2 Stunden marinieren lassen.
Entweder bei 200°C im Backofen schmoren und dann kühl servieren – oder heiß direkt vom Grill. Beide Varianten vor dem Servieren mit Balsamico beträufeln.

Mollys Stricknadelspieße
Gegrillte Gemüsespieße

„Stricknadelspieße"? Das hat natürlich Billy erfunden. Du liebe Güte, haben wir gelacht!

Man nehme:
2 kleine Zucchini   1 Gemüsezwiebel
2 Paprikaschoten, rot und gelb   Schafskäse- oder Tofuwürfel

Schaschlikspieße aus Holz in Wasser einweichen lassen, damit sie auf dem Grill nicht verbrennen. Zucchini in 2 cm dicke Scheiben schneiden, halbieren. Paprika in Stücke schneiden. Gemüsezwiebel schälen und ebenfalls teilen. Nun abwechselnd Gemüse, Zwiebel und Käsewürfel aufspießen.
Die Spieße vor dem Grillen mit Sojasoße beträufeln. Zum Garen am besten hitzefeste Alufolie unterlegen, damit der Käse nicht im Grill endet.

Schaf-Sauna
Gebackener Schafskäse 🍎

MAN NEHME:
1 P. Schafskäse   italienische Kräuter, getrocknet
1 Tomate   evtl. gehackte Zwiebel, Knoblauch,
Salz, Pfeffer   Oliven oder, oder, oder

Den Schafskäse in ein Stück grillfeste Alufolie geben, würzen und mit Tomatenscheiben belegen. Je nach Geschmack weitere Extras beigeben. Die Alufolie oben verschließen und das Päckchen so lange auf den Grill legen, bis der Schafskäse weich geworden ist.
Kann man natürlich auch im Backofen zubereiten, wenn man an Schlechtwettertagen mal ein Picknick im Wohnzimmer machen will!

Little Italy
Mini-Blätterteig-Pizzen 🍎

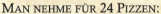

MAN NEHME FÜR 24 PIZZEN:
250 g Tiefkühlblätterteig, aufgetaut   1 kleine Zucchini, längs halbiert
2 Paprikaschoten, rot und gelb   150 g Artischockenherzen
3 Tomaten, in dünne Scheiben   70 g Mozzarella, fein gewürfelt
geschnitten   italienische Kräuter, getrocknet

Ofen auf 200° C vorheizen. Backblech mit Backpapier bereitstellen. Paprika halbieren, entkernen und mit der Zucchini mit der Hautseite nach oben im Ofen anrösten. Anschließend in 5 mm dicke Streifen bzw. Scheiben schneiden. Den Teig auf einer bemehlten Fläche 3 mm dick ausrollen, teetassengroße Pizzaböden ausstechen und auf das Blech heben. Je mit einer Scheibe Tomate, Paprika in beiden Farben, Artischocken- und Mozzarellawürfeln belegen. Eine Scheibe Zucchini als Abschluss – und dann mit Kräutern bestreuen. Acht bis zehn Minuten backen. Heiß oder kalt genießen.

Abenteuer in der grünen Hölle
Spinat mit Eier-Insel

MAN NEHME:
1 Paket Rahmspinat
1 Ei
½ Zwiebel
1 TL Butter

Zwiebel fein hacken und mit der Butter in einem Topf glasig anbraten. Anschließend den Spinat zugeben und unter stetem Rühren erwärmen. Dann ein formschönes Spiegelei zubereiten. Je außergewöhnlicher die Form, desto besser. Nun wird der Spinat in einen tiefen Teller gegeben und das Spiegelei wie eine Insel hineingesetzt. Das Abenteuer kann beginnen.

Merken: Spinatgeschirr muss man vor dem Abwasch unbedingt vorspülen. Sonst hat man das ganze Spülwasser voller grüner Flöckchen, die dann überall dort kleben, wo man sie nicht gebrauchen kann!!!

Die Quiche reicht für 4–6 Personen und noch mehr Mäuse!

Tricolore mal anders
Bunte Paprika-Quiche

MAN NEHME:

FÜR DEN TEIG:
100 g Mehl, 1 Prise Salz   1 Ei, verquirlt
50 g Butter, gekühlt   3 TL Wasser

FÜR DIE FÜLLUNG:
3 Paprikaschoten, rot, gelb, grün   Muskatnuss, gerieben
3 Eier   40 g herzhaften Käse,
250 ml Crème double   gerieben (z. B. Gruyère)
Salz und Pfeffer

Zunächst der Teig Ofen auf 170 °C vorheizen. Mehl, Salz und Butter in eine Schüssel geben und mit den Fingerspitzen vermengen. Dann der feinkrümeligen Masse das mit Wasser verquirlte Ei zufügen. Mit dem Teigschaber verarbeiten, bis eine Teigkugel entsteht. Diese muss in Frischhaltefolie mindestens 20 Minuten kühlen. Den Teig dünn ausrollen und in die gefettete Quicheform legen. Anschließend kommen eine Lage Backpapier und Backerbsen darauf, um den Teig 25 Minuten zu backen. Danach Papier und Erbsen entfernen. Teig nochmals fünf Minuten backen.

Nun die Füllung Paprikaschoten waschen, halbieren, Kerngehäuse (und nach Belieben die Haut) entfernen. Dann in Streifen schneiden und in einer beschichteten Pfanne ohne Fett anschmoren. Eier und Crème double verquirlen. Mit Salz, Pfeffer und Muskatnuss abschmecken. Paprika auf dem Quicheboden verteilen, mit Käse bestreuen und mit der Eiermasse übergießen. 40 Minuten backen, bis die Eiermasse vollständig gestockt ist. Schmeckt heiß und kalt.

Herzhaftes für kalte Tage

Nichts, aber auch gar nichts ist behaglicher, als in meiner warmen Küche zu werkeln, wenn das Wetter draußen so richtig ungemütlich wird. Wenn Molly vergnügt summt und Rupert in der Zeitung stöbert, wenn die Töpfe dampfen und der Ofen bollert ... das macht mich wirklich glücklich.

Ruperts Gartenlust
Gemüsesuppe

MAN NEHME:

was der Garten gerade hergibt oder

400 g Kartoffeln	300 g Möhren
500 g Knollensellerie	2 EL Olivenöl
1 Stange Lauch oder	Basilikum
2 Frühlingszwiebeln	4 TL Gemüsebrühe, gekörnt
150 g grüne Bohnen oder Erbsen	Salz und Pfeffer

Tilda, meine Liebe, dieses Rezept stammt aus dem Kochbuch meiner lieben Frau Mama. Aber bei dir ist es sicher bestens aufgehoben.
Dein Rupert

Gemüse gründlich waschen und schälen. Kartoffeln in 2-cm-Würfel schneiden, die Möhren und den Lauch in 2 cm dicke Scheiben. Olivenöl in einem großen Topf erhitzen, und das Gemüse darin anschwitzen*, bis Möhren und Kartoffeln leicht weich werden. Mit $1\frac{1}{2}$ Liter Wasser und der Brühe ablöschen, zugedeckt 15 Minuten köcheln lassen. Bohnen oder Erbsen hinzugeben und noch einmal zehn Minuten zugedeckt garen lassen. Mit Salz und Pfeffer abschmecken.

* in wenig Fett erhitzen, ohne dass es braun wird

Ruperts patentierter Gartenschmaus
Kürbissuppe

MAN NEHME (FÜR 4 PERSONEN):

1 mittelgroßen Hokkaido- oder 1 EL gekörnte Brühe
¼ Riesenkürbis Pfeffer, Salz und Curry
1 Gemüsezwiebel Schnittlauch oder Thymian
50 ml Schlagsahne einige EL Crème fraîche
1 TL Butter

> Liebe Tilda,
> dieses Rezept stammt natürlich ebenfalls aus dem Kochbuch meiner Frau Mama. Wann immer du die Suppe kochen möchtest, trage ich den Kürbis für dich.
> Dein Rupert

Kürbis von Schale und Kernen befreien, in Stücke schneiden. (Hokkaido-Kürbisse kann man auch mit Schale zubreiten.) Dann die Zwiebel schälen, hacken und mit Butter in einem ausreichend großen Topf glasig andünsten. Kürbis hinzugeben, zur Hälfte mit Wasser bedecken, Brühe einrühren und bei geschlossenem Deckel auf mittlerer Hitze ca. 30 Minuten köcheln lassen. Gelegentlich umrühren! Wenn der Kürbis weich ist, mit dem Küchenstab pürieren, nach Belieben mit Salz und Pfeffer abschmecken, Sahne hinzufügen. Abschließend nochmals unter stetem Rühren aufkochen lassen. Erst jetzt den Curry hinzufügen. Die heiße Suppe wird auf Teller verteilt und mit einem Löffel Crème fraîche und gehackten Kräutern garniert.

Kartoffelschiffchen mit was drin
Gefüllte Kartoffeln 🍎🍎

Man nehme:

4 große Kartoffeln, mehligkochend
1 TL Butter
1 TL Olivenöl, Salz
50 g Speck, gewürfelt
50 g Schnittkäse (eine möglichst würzige Sorte)
75 g Frischkäse
Thymian, Schnittlauch, Basilikum

Backofen auf 180° C vorheizen. Backblech mit Backpapier bereitstellen. Kartoffeln ca. 15 Minuten vorkochen. Danach halbieren, mit der Schale nach unten auf das Backblech setzen, mit Olivenöl beträufeln und salzen. 20 Minuten backen. Anschließend mit einem Löffel aushöhlen, sodass Kartoffelschiffchen entstehen. Die Kartoffelmasse wird nun für die Füllung verwendet: Entweder mit Speck und geriebenem Käse vermengen oder mit Frischkäse und frischen Kräutern. Die Füllungen in die Kartoffelschiffchen geben. Die Käse-und-Speck-Variante wird noch einmal fünf Minuten gebacken.

Eine tolle Knolle: die Kartoffel
Ich weiß ja nicht, ob eine Kartoffel wirklich glücklich macht. Aber sie ist zweifellos 'ne tolle Knolle.

Eine für alle
Backofenkartoffel klassische Art 🥔

MAN NEHME:

1 große mehligkochende Kartoffel pro Person
500 g Speisequark
Olivenöl
Kräuter nach Wahl (z. B. Thymian, Rosmarin, Petersilie und Schnittlauch)
grobes Meersalz
Kümmel

Backofen auf 200°C vorheizen.

Die Kartoffeln mit Schale 20 Minuten vorkochen. Dann gut abtropfen lassen und mit zwei Gabeln einen Schlitz auf der Oberseite eröffnen. Die Kartoffeln werden jetzt in ein Schiffchen aus Alufolie gesetzt, das sich anschließend oben verschließen lässt. 1 TL Olivenöl, etwas Meersalz und Kümmel kommen in die geöffnete Kartoffel. Alufolie verschließen, und alles 20 Minuten backen.

In der Zwischenzeit den Quark mit 2 EL Olivenöl glatt rühren, leicht salzen, mit gehackten Kräutern vermengen und zu den heißen Kartoffeln reichen.

Wichtiger Hinweis für Mäuse: Die Kartoffel sollte niemals größer sein als man selbst!

Rupert sagt, dieses Rezept stamme von seiner Frau Mama. Stimmt aber nicht. Es stammt nämlich von meiner Frau Mama.

Gebackenes Vergnügen mit Käse
Kartoffel-Blumenkohl-Auflauf

Man nehme:
- 1 Blumenkohl
- 3 große Kartoffeln, festkochend
- 150 g würziger Schnittkäse
- 100 ml Sahne
- 2 Eigelbe
- 30 g Butter
- 30 g Mehl
- 500 ml Milch
- Muskatnuss, frisch gerieben
- Salz und Pfeffer

Backofen auf 180°C vorheizen.

Kartoffeln schälen, in Stücke schneiden und wie gewohnt in Salzwasser kochen. Blumenkohl in mundgerechte Stücke schneiden und ebenfalls in Salzwasser kochen. (Er sollte noch Biss haben.) Butter in einem Topf zerlassen. Das Mehl unterheben und bei geringer Hitze ca. drei Minuten kochen lassen. Nach und nach die kalte Milch einrühren und unter stetem Rühren zum Kochen bringen. Sahne hinzufügen und vom Herd nehmen. 100 g Käse und die Eigelbe einrühren. Mit Salz, Pfeffer, Muskat würzen und ruhen lassen.

Eine ofenfeste Form buttern, Kartoffeln und Blumenkohl hineinschichten und mit der Sahnemasse übergießen. Anschließend mit dem restlichen Käse bestreuen, ganz leicht mit Muskat würzen und noch einmal 20 Minuten überbacken.

Ruperts krosse Gemüseschau
Bunte Gemüsechips 🍎

Man nehme:

3 große Kartoffeln, festkochend	2 frische Rote Bete
3 frische Möhren	Pflanzenöl zum Frittieren
1 kleinen Rettich	Salz
¼ Knollensellerie	Paprikapulver, edelsüß

> Liebe Tilda,
> dieses Rezept stammt tatsächlich von mir. Meine Chips sind legendär, oder?
> Rupert

Das Gemüse waschen, schälen und in dünne Scheiben hobeln. Unterdessen das Pflanzenöl in einem Topf zum Sieden bringen. (Mit einer Fritteuse geht das natürlich viel einfacher und sicherer.) Nun werden die Gemüsescheiben nach und nach im Öl ausgebacken, bis sie Blasen aufwerfen. Achtung: Niemals zu viele Scheiben gleichzeitig ins Öl geben, da dieses sonst zu schnell abkühlt und das Gemüse nicht kross wird. Fertige Scheiben mit einer Schaumkelle aus dem Öl nehmen und auf Küchenpapier abtropfen lassen. Anschließend in einer großen Schüssel salzen, vorsichtig schütteln und abkühlen lassen.

Ein Häuflein klein
Kartoffelpüree mit Sellerie 🍎

Man nehme:

mehligkochende Kartoffeln und Knollensellerie (im Verhältnis 2:1)	Muskatnuss, gemahlen
	Pfeffer und Salz
Milch, Butter	Röstzwiebeln, aus dem Beutel

Kartoffeln und Sellerie schälen und in ca. 2 cm große Würfel schneiden. Kartoffeln in einen Topf schichten. Den Sellerie daraufgeben und mit Wasser auffüllen. Mit Salz und Pfeffer weich kochen. Dann „mit Liebe" (Milch) zu Brei stampfen. Mit Butter glatt rühren und mit Muskat abschmecken. Zum Servieren mit Röstzwiebeln bestreuen.

Was vom Vortag übrig blieb
Bratkartoffeln

Reste vom Vortag sind nicht ärgerlich, sondern ein großes Glück! Man muss eben nur wissen, was man damit anfangen soll.

MAN NEHME:

alle gekochten Kartoffeln, die eventuell vom Vortag übrig sind, oder 250 g festkochende Kartoffeln
Butter
Speck, gewürfelt
2 Schalotten oder Frühlingszwiebeln

Die gekochten Kartoffeln schälen und in ca. 1 cm dicke Scheiben schneiden. Oder: Die rohen Kartoffeln schälen und in 1 cm dicke Scheiben schneiden. Dann die Zwiebeln schälen, fein hacken und mit dem Speck in heißem

Fett glasig werden lassen. Jetzt kommen die Kartoffeln hinzu. Ruhig brutzeln lassen, bis sie goldbraun sind. Vorsichtig wenden. Bratkartoffeln kann man eigentlich immer essen. An der Küste sogar zum Frühstück. Dann gibt es Spiegeleier, Rote Bete und Brathering dazu. Sie eignen sich aber ebenso gut als Beilage zum Mittag- oder Abendessen.

Apfel-Zweierlei
Kartoffelpuffer mit Apfelmus

Ach, dieser Mittwoch im letzten Herbst! Das war ein wunderschöner Tag. Rupert hat mit den Zwillingen Kartoffeln ausgegraben, und wir anderen haben Äpfel gepflückt. Die Sonne schien noch einmal warm vom Himmel, und alles duftete so gut. Daran muss ich immer wieder denken, wenn ich dieses Gericht koche.

Man nehme:

500 g festkochende Kartoffeln Salz und Pfeffer
2 Eier, verquirlt Butter zum Braten
1 Zwiebel

Kartoffeln schälen und reiben (aber nicht zu fein). Dann die Zwiebel schälen und sehr fein hacken. Alles zusammen in eine Rührschüssel geben. Die Eiermasse unterheben, bis alles einen klebrigen Teig ergibt. Diesen Teig ca. 15 Minuten ruhen lassen.
Butter in einer Pfanne erhitzen und pro Kartoffelpuffer jeweils 2 bis 3 EL Teig ins heiße Fett geben. Mit einer Gabel flach drücken und von beiden Seiten goldbraun backen.
Heiß mit Apfelmus* servieren.

*Das Rezept dazu findest du auf Seite 65.

Nudelfest im Heckenrosenweg

Also, Nudeln machen ja nun auf jeden Fall glücklich. Ganz ungeheuer glücklich sogar. Das weiß doch jeder, oder?

À la Mama
Makkaroni-Auflauf

So schmeckt es zu Hause. Ja, genau so! Ach, ich rufe gleich mal an.

MAN NEHME:

500 g Makkaroni
250 ml Milch
4 Tomaten
6 Scheiben Kochschinken
3 Eier
Salz und Pfeffer
Paprikapulver edelsüß

Ofen auf 180° C vorheizen. Nudeln wie gewohnt in Salzwasser kochen. Unterdessen Tomaten und den Kochschinken in Würfel bzw. Streifen schneiden. Eier und Milch mit 2 bis 3 TL Paprikapulver, Pfeffer und Salz verquirlen. Die abgetropften Nudeln in eine ofenfeste Form geben, mit der Eiermasse übergießen und vorsichtig verrühren. Ca. 30 Minuten backen, bis die oberste Nudelschicht kross wird und die Eiermasse gestockt ist.

Pasta ... und basta!
Klassische Nudelsoßen

Carbonara

MAN NEHME:

250 g Mascarpone	1 Eigelb
1 Schalotte	2 EL Parmesan
100 g Räucherspeck, mager	1 EL Butter
2 Eier	Salz und Pfeffer

Eier, Eigelb und Mascarpone glatt rühren. Dann die Zwiebel schälen und fein würfeln. Speck ebenfalls würfeln und mit der Zwiebel und Butter glasig anbraten. Der Speck sollte gerade eben kross sein. Dann den Topf von der Platte nehmen, die Mascarponemasse hinzugeben und verrühren. Parmesan zugeben und weiterrühren, bis der Käse geschmolzen ist. Mit Salz und Pfeffer abschmecken und sofort über die Nudeln geben.

Bolognese

MAN NEHME:

500 g Hackfleisch (am besten Rind)	1 Knoblauchzehe
evtl. 200 ml Rotwein	Oregano, Thymian, Majoran
1 kleine Dose passierte Tomaten	Salz und Pfeffer
1 Zwiebel	500 ml Gemüsebrühe
3 kleine Möhren	1 EL Olivenöl
¼ Knollensellerie	

Ich koche immer gleich mehrere Portionen und friere sie ein!

Zwiebel, Möhren und Sellerie fein würfeln. Dann das Hackfleisch ohne Fett in einem großen Topf anbraten. Zwiebel zugeben und glasig werden lassen. Gemüsewürfel und Knoblauch zugeben und mit der Brühe 30 Minuten kochen lassen. Hin und wieder umrühren. Eventuell Wein, Kräuter und Tomaten hinzufügen, und noch mal ca. zwei Stunden köcheln lassen, dabei hin und wieder umrühren. Zum Schluss mit dem Olivenöl abbinden, mit Salz und Pfeffer abschmecken – und sehr heiß servieren.

Kann denn Suppe süßer sein?
Milchsuppe

Nicht vergessen: Molly einladen, wenn ich diese Suppe koche. Sie freut sich immer so!

MAN NEHME:

- 300 g Suppennudeln (Muscheln, Buchstaben, Sternchen)
- 1 l Vollmilch
- 1 P. Vanillezucker
- 2 EL Puderzucker
- Rosinen nach Belieben
- 2 EL Vanille-Puddingpulver
- 1 Prise Zimt

Nudeln mit dem Vanillezucker in Milch gar kochen. Bei geringer Hitze Rosinen, 2 EL Puderzucker und 2 EL Vanille-Puddingpulver hinzufügen und unter ständigem Rühren aufkochen lassen, bis die Suppe leicht angedickt ist. Sehr heiß servieren und mit Zimt bestäuben.

Warme Süßspeisen

Wie praktisch. Da hat man Hauptgericht und Dessert in einem. Das macht glücklich, aber nicht dick! Nun, das nehme ich jedenfalls an.

Nicht nur für Adlige
Tante Mathildes Kaiserschmarren

Man nehme:

evtl. 70 g eingelegte Rosinen (in 1 EL Orangensaft oder Rum* eingelegt)
4 Eier, getrennt
¼ l Milch
40 g Zucker
160 g Mehl
1 Prise Salz

Milch, Zucker und Eigelbe schaumig schlagen, mit dem Mehl zu einem glatten Teig verrühren. Eiweiß mit Salz sehr steif schlagen und unterheben. In einer Pfanne die Butter erhitzen, den Teig hineingeben, 5 Minuten backen lassen und die Rosinen darüberstreuen. Wenn die Unterseite fest ist, den Schmarren wenden und bei schwacher Hitze in etwa 5 Minuten fertig backen. Dabei mit zwei Gabeln in kleine Stücke reißen. Mit Puderzucker bestreut servieren. Dazu schmeckt besonders gut: Apfelmus!

*nur für Erwachsene und große Mäuse!

Weißer Traum
Milchreis 🍎

Man braucht natürlich UNBEDINGT Apfelmus zum Milchreis. Oder in Scheibchen geschnittenes Obst. Aber am glücklichsten macht Apfelmus!

MAN NEHME:
1 Tasse Milchreis   ¾ l Milch
1 gestr. EL Zucker   Zimt-Zucker-Mischung

Die Milch kurz erhitzen, den Reis und den Zucker hineingeben und unter ständigem Rühren aufkochen lassen. Den Herd zurückdrehen (Vorsicht, der Milchreis brennt leicht an!) – und den Milchreis unter Rühren köcheln lassen, bis er weich ist. (Bei Bedarf mehr Milch zufügen.) Mit Zimtzucker bestreut servieren; schmeckt warm oder kalt!

Arm, aber glücklich
Arme Ritter 🍎

Ist es nicht ein Wunder, dass es Zimt gibt? Und dass er so gut zu süßen Gerichten passt?

MAN NEHME:
2 Scheiben Weißbrot   ½ TL Vanillearoma
2 Eier, Milch   Butter zum Braten
1 TL Zucker   Zimt-Zucker-Mischung

Es war einmal ...
Die Eier mit etwas Milch, dem Zucker und Vanillearoma verquirlen. Dann die Weißbrotscheiben vorsichtig darin wenden, bis sie sich vollgesogen haben. Schließlich in heißer Butter von beiden Seiten goldbraun backen, mit Zimtzucker bestreuen und heiß genießen.
... und wenn sie nicht gestorben sind, dann leben sie noch heute.

Traum-Schaum
Rhabarber-Grieß-Schaum

MAN NEHME:
250 g Rhabarber   60 g Weizengrieß, fein
1 P. Vanillezucker   1 P. Vanillesoße
125 g Zucker

Den Rhabarber schälen und in Stücke schneiden. In 500 ml Wasser einkochen lassen, den Zucker und den Vanillezucker einrühren. Den Grieß langsam unterrühren und etwas köcheln lassen. Kalt stellen, dann mit Vanillesoße servieren.

Mollys Zimtkuss
Süßer Nudelauflauf

Nicht vergessen: Mich unbedingt bei Molly einladen, wenn sie ihren Auflauf macht!

MAN NEHME FÜR VIER PERSONEN:
500 g Nudeln   2 P. Vanillezucker
500 ml Milch   Mark einer Vanilleschote
3 Eier   Zimt-Zucker-Mischung
3 EL Rosinen

Ofen auf 180°C vorheizen. Die Nudeln wie gewohnt in Wasser kochen. Allerdings mit Zucker statt Salz! Unterdessen die Eier mit der Milch, Vanillezucker und dem Mark der Vanilleschote verquirlen. Nudeln gut abtropfen lassen, Rosinen untermischen und in eine ofenfeste Form schichten. Nun alles mit der Eiermasse übergießen und ca. 25 bis 30 Minuten backen, bis alles gestockt ist. Mit Zucker und Zimt überstreuen und nochmals fünf Minuten backen.

Einladung zum Fünf-Uhr-Tee

Eine schöne Tasse Tee … sagt das nicht wirklich alles, hm?

Zum Tee, Picknick und einfach so
Feinste Sandwiches

Für das klassische Sandwich wird das Brot nicht getoastet! Und wenn man es ganz genau nimmt, muss sogar die Kruste abgeschnitten werden. Falls man bei Weißbrot denn von Kruste sprechen möchte. Nun, je nach Anlass und individuellen Vorlieben kann man die Sandwiches mit vielerlei Köstlichkeiten belegen. Aber ich mag ja vor allem solche, die man klassisch in kleinen Häppchen auf einer Etagere zum Tee reichen kann!

MAN NEHME:
Weißbrotscheiben, gesalzene Butter
Belag nach Wahl (geschälte Salatgurke, Kochschinken mit Senf, Sardinen, kalte Hähnchenbruststreifen mit Rucola, Cheddar mit Zwiebeln (zu einer Creme verrührt) oder Frischkäse mit Räucherlachs

Zwei Brotscheiben dünn mit gesalzener Butter bestreichen, eine belegen und mit der zweiten bedecken. Die Sandwiches werden dann entweder in quadratische Häppchen geschnitten oder diagonal zu Dreiecken zerteilt.

Ich liebe Gurken-Sandwiches mit hauchdünnen Gurkenscheiben!

Scones: Klassisch und unübertroffen
Englische Teebrötchen

Es gibt ja Leute, die sich wirklich fragen, ob sie zuerst die Clotted Cream (die englische, enorm gehaltvolle Alternative zu Sahne oder Butter) oder die Marmelade auf ihren Scone streichen sollen. Dieselben Leute fragen sich dann übrigens auch, ob die Milch oder der Tee zuerst in die Tasse gehören. Nun, solange es nur genug von allem gibt …

Man nehme:

250 g Mehl	1 EL Backpulver
1 Prise Salz	ca. 30 g Butter
1 EL Zucker	150 ml Milch

Backofen auf 220°C vorheizen (Umluft 190°C). Mehl, Zucker, Backpulver und Salz in eine Schüssel geben und vermengen. Butterflöckchen unterheben. Milch allmählich hinzugeben, und alles zu einer glatten Masse verkneten. Den Teig 15 Minuten kühl ruhen lassen. Anschließend auf einer mit Mehl bestäubten Fläche 2 cm dick ausrollen und mit rundem Ausstechförmchen oder einem Glas (6–8 cm) ausstechen. Die Scones auf ein Blech mit Backpapier setzen und nochmals fünf Minuten ruhen lassen. Anschließend mit Milch bestreichen und zehn Minuten backen.

Scones werden nicht heiß, aber warm serviert. Dazu gibt es Clotted Cream, gesalzene Butter, Erdbeer- oder Johannisbeermarmelade und Tee … natürlich mit Milch.

Oma Elfies Rotweinkuchen
Rührkuchen

Ob man es glaubt oder nicht, ich bin Oma Elfie tatsächlich kein einziges Mal begegnet. Aber ihr Kuchen kommt regelmäßig auf den Tisch. Denn „Von einer netten Aufmerksamkeit bis zum Denkmal kann ein Kuchen alles sein!", pflegt Urgroßtante Emily stets zu sagen.

MAN NEHME:

250 g Butter oder Margarine	250 g Mehl
250 g Zucker	1 P. Backpulver
1 P. Vanillezucker	$1/8$ l Rotwein (oder Mineralwasser oder
4–5 Eier	Traubensaft, dann 50 g Zucker weniger)
1 TL Zimt	100 g Schokostreusel
1 TL Kakao	Puderzucker

Die Butter mit Zucker und Vanillezucker schaumig schlagen, dann die Eier hinzufügen. Das Mehl, Backpulver, Kakao und Zimt unter die Masse rühren. Die Flüssigkeit und die Schokostreusel hinzugeben und zu einem gleichmäßigen Teig verrühren. In eine gebutterte und mit Mehl bestäubte Form (Gugelhupfform) geben. Zunächst zehn Minuten bei 150°C, dann 50 Minuten bei 175°C backen. Nach dem Abkühlen mit Puderzucker bestäuben.

Natürlich verfliegt der Alkohol beim Backen! Aber der Kuchen ist auch mit rotem Traubensaft ein Genuss!

Pflaumenglück
Zwetschgenkuchen vom Blech

Zugegeben, so ein Blechkuchen ist keine große Sache. Aber nach einer gelungenen Ernte mit viel Lachen und Spaß gehört er einfach dazu! Äh, sonst auch.

MAN NEHME:
250 g Butter   350 g Mehl
200 g Zucker   1 P. Backpulver
5 Eier   1 TL Zimt
1 P. Vanillezucker   2 kg Zwetschgen

Ofen auf 200° C vorheizen. Zwetschgen waschen, halbieren und entsteinen. Butter mit dem Mixer schaumig schlagen. Eier und Zucker behutsam zufügen. Vanillezucker, Mehl und Backpulver untermengen, und den Teig auf einem gefetteten Backblech verteilen. Nun die Zwetschgen wie Ziegel daraufschichten. Nach Belieben mit Zucker und Zimt bestreuen und 30 Minuten backen.

Schneckis Köstliche
Zimtschnecken

Zimtschnecken sind wirklich die einzigen Schnecken, die man überhaupt essen sollte! Na ja, außer Rosinenschnecken vielleicht. (Ich musste Schnecki versprechen, das ganz ausdrücklich in mein Rezeptbuch zu schreiben.)

MAN NEHME FÜR 16 SCHNECKEN:

500 g Mehl   180 g Margarine
1 Würfel Hefe   150 g Zucker
1 TL Zucker   100 g Rosinen
500 ml Milch   1 TL Zimt
100 g gemahlene Haselnüsse   1 Prise Salz

Ofen auf 180°C vorheizen. Backblech mit Backpapier bereitstellen.

Für den Teig Mehl in eine große Schüssel geben. Hefe in die Mitte bröseln und mit 1 TL Zucker bestreuen. 250 ml Milch erwärmen und zugeben. 80 g Margarine, 80 g Zucker zufügen, und von der Mitte aus alle Zutaten vermengen. Den Teig zugedeckt und warm gehen lassen, bis er sich etwa verdoppelt hat. Anschließend auf einer bemehlten Fläche auf 40 x 50 cm ausrollen.

Für die Füllung 100 g Margarine erwärmen, 50 g Zucker, Haselnüsse, Zimt und 250 ml Milch zu einer Masse verrühren. Gleichmäßig auf dem Teig verstreichen und Rosinen verteilen. Den Teig zu einer Schnecke rollen und in 3 cm dicke Scheiben schneiden, auf das Blech legen und 15 bis 20 Minuten backen.

Der Himmlische
Käsekuchen 🍎🍎

Wichtig Dieser Kuchen eignet sich für zwei Sorten von Anlässen besonders gut. Erstens für himmlische und zweitens ... für käsige!

MAN NEHME FÜR DEN BODEN:
100 g Butter oder Margarine   200 g Mehl
100 g Zucker   ½ P. Backpulver
1 Ei

MAN NEHME FÜR DIE QUARKMASSE:
1 kg Magerquark   1 geh. EL Mehl
200 g Zucker   7 Eigelbe
1 P. Vanillezucker   7 Eiweiße
1 geh. EL Speisestärke

Die weiche Butter mit dem Zucker schaumig schlagen. Das Ei dazugeben und verrühren.

Mehl und Backpulver hinzugeben, und alles zu einer Teigmasse verarbeiten. Den Teig in eine Springform geben und als Boden (und Rand) gleichmäßig festdrücken.

Die sieben Eiweiße mit 50 g Zucker steif schlagen. Für die Quarkmasse Quark, 150 g Zucker, Vanillezucker, die Eigelbe, das Mehl und die Stärke verrühren. Das Eiweiß unter die Quarkmasse heben und gleichmäßig verrühren. Die Quarkmasse in die Form einfüllen und im vorgeheizten Backofen für mindestens 60 Minuten bei 180° C backen. Wird der Kuchen oben zu schnell dunkel, bis zum Ende der Backzeit mit einem Stück Alufolie abdecken.

Plätzchen
Köstlich nicht nur zur Weihnachtszeit

Plätzchen oder Kekse gibt es wohl ebenso viele wie Leute, die sie backen. Täglich kommen neue Rezepte dazu. Wenn ich ganz ehrlich bin, werden meine eigenen Plätzchen bei jedem Backen ein bisschen anders. Aber das macht das Backen ja so aufregend!

Ednas geheime Flöckchen
Haferflockenhäppchen

Nun, zu diesen Plätzchen gehört natürlich eine Geschichte. Aber ich habe Edna versprochen, sie nicht zu erzählen. Nur so viel: Auch ein Geheimnis kann ungeheuer glücklich machen. Ach …!

Man nehme:

- 175 g Butter, zimmerwarm
- 175 g brauner Zucker
- 1 P. Vanillezucker
- 2 Eier, 125 g Mehl
- ½ TL Backpulver
- ½ TL Zimt
- 250 g kernige Haferflocken
- 150 g Rosinen

Backofen auf 180 °C vorheizen. Backblech mit Backpapier bereitstellen. Mehl, Backpulver, Zucker, Vanillezucker und Zimt mit Butter und dann mit den Eiern vermengen. Anschließend die Haferflocken und zu guter Letzt die Rosinen unterheben. Teig mit zwei Löffeln auf das Backblech setzen. Dabei ausreichend Platz lassen, denn der Teig geht sehr stark auf. Ca. 20 bis 25 Minuten backen.

Billys Knusprige Orangentafeln

Man nehme:

6 EL Orangensaft
Orangenzesten (von einer unbehandelten Orange)
250 g Zucker
200 g gehackte Mandeln
100 g Butter, zerlassen und abgekühlt
125 g Mehl

Ofen auf 190°C vorheizen. Backblech mit Backpapier bereitstellen. Orangensaft, Zesten und Zucker in eine Rührschüssel geben. Butter, Mandeln und Mehl unterrühren. Mit zwei Teelöffeln kleine Teighäuflein mit ausreichend Abstand auf das Backblech geben. Anschließend mit einer Gabel zu flachen Tafeln ausstreichen. Fünf Minuten backen, noch heiß vom Blech nehmen und leicht wölben.

Bennys Knusprige Kokostafeln

Man nehme:

3 Eiweiß
100 g Zucker, 20 g Mehl
80 g Kokosflocken
70 g Butter, zerlassen und abgekühlt

Ofen auf 190°C vorheizen. Backblech mit Backpapier bereitstellen. Die Eiweiße verquirlen. Kokosflocken, Zucker, Mehl und Butter zugeben und alles verrühren. Mit zwei Teelöffeln kleine Teighäuflein mit ausreichend Abstand auf das Backblech geben. Anschließend mit einer Gabel zu flachen Tafeln ausstreichen. Fünf Minuten backen, noch heiß vom Blech nehmen und leicht wölben.

Ruperts Unverzichtbare
Ingwerplätzchen

Ob es regnet oder schneit,
ob Picknick oder Weihnachtszeit,
ist das Ingwerplätzchen dran
bei unserm Igel von nebenan!

MAN NEHME:

- 1 Igel zur Qualitätskontrolle
- 200 g Mehl
- 120 g Butter
- 90 g Zucker
- 1 EL Zitronensaft
- 1 EL Ingwer, frisch gerieben
- 1 TL Backpulver
- 75 g Ingwer, kandiert und fein gewürfelt
- etwas Zitronenschale, gerieben

Ofen auf 180° C vorheizen. Backbleche mit Backpapier bereitstellen. Alle Zutaten zu einem Mürbeteig verkneten. So lange, bis der Teig geschmeidig ist. Den kandierten Ingwer erst ganz zum Schluss einkneten. Teig zu einer Rolle in Plätzchengröße formen, in Folie wickeln und 30 Minuten kühl lagern. Anschließend in 5 mm breite Stücke schneiden und auf das Blech geben. Ca. 15 Minuten backen.

Wie bei Oma
Vanillekipferln

MAN NEHME:

Mark von 2 Vanilleschoten
2 P. Vanillezucker
100 g Puderzucker
260 g Butter
260 g Mehl
200 g Mandeln, gemahlen
1 Prise Salz
Puderzucker und Vanillezucker zum Bestäuben

Das Mark der Vanilleschoten und die übrigen Zutaten zu einem Mürbeteig kneten. Diesen in Folie wickeln und zwei Stunden im Kühlschrank ruhen lassen. Den Ofen auf 190°C vorheizen, Backbleche mit Backpapier bereitstellen. Den Teig zu bleistiftdicken Rollen formen, 5 cm große Stücke abteilen, und diese zu Hörnchen formen. Auf mittlerer Schiene zehn Minuten backen und die noch heißen Kipferln in einer Mischung aus Puderzucker und Vanillezucker wenden. (Vorsicht, heiß!)

Die hohe Kunst ist es übrigens, dass alle Kipferln sich gleichen wie ein Ei dem anderen!

Desserts
Zum Schluss das Beste

Urgroßtante Emily sagt immer: „Tildaleinchen, was wäre das Leben ohne Sahnehäubchen?"
Du liebe Güte, das mag ich mir nicht einmal vorstellen!

Very British
So macht man's diesseits des Kanals: Trifle 🍎🍎

Man nehme:

- 250 g Löffelbiskuits
- 200 g Himbeerkonfitüre
- 200 ml roter Fruchtsaft
- 100 g Erdbeeren
- 100 g Himbeeren
- 50 g rote Johannisbeeren
- 1 P. Vanillepudding
- Milch und Zucker für den Pudding
- 1 Becher Schlagsahne

Löffelbiskuits auf den Boden einer großen Glasschüssel legen und mit Saft übergießen. Erdbeeren in Stücke schneiden und mit den anderen Früchten daraufgeben. Eine Stunde kühl ruhen lassen. In der Zwischenzeit den Pudding nach Packungsanleitung zubereiten und schließlich über die Früchte gießen. Die Schichten sollten sich nicht vermischen. Wieder kühlen lassen. Zu guter Letzt die Sahne steif schlagen, auf den Pudding schichten und mit einigen Früchten garnieren.

Maus „au Chocolat"
Und so jenseits des Kanals: Mousse

Man nehme:
200 g Schokolade   50 g Butter
200 ml Sahne   3 sehr frische Eier
50 g Zucker

Eier trennen, und die Eigelbe beiseitestellen. Eiweiß und Sahne steif schlagen. Schokolade und Butter im Wasserbad schmelzen. Eigelbe mit 1 EL Wasser cremig schlagen und Zucker zugeben. Buttermasse unterrühren. Dann vorsichtig und nacheinander Eiweiß und Sahne unterheben. Am besten mit einem Schneebesen, aber nicht schlagen!
Die fertige Mousse mindestens zwei Stunden kühl stellen und zum Servieren in Nocken teilen.

Pudding und Wackelpudding

Die sind nun wirklich kinderleicht zu machen. Es steht ja alles ganz genau auf der Packung. Natürlich kann man den fertigen Pudding noch verfeinern. In Mandelpudding gehören für Molly zum Beispiel auch Mandelstifte hinein. Tilda mag Vanillepudding am liebsten auf gezuckerten Erdbeeren, und die Hörnchenzwillinge lieben Waldmeister-Wackelpudding, in dem Mandarinenstücke „schweben".

Fruchtiges Vergnügen

Bei der Herstellung von Marmelade oder Konfitüre sind dem Erfindungsreichtum im Grunde keine Grenzen gesetzt. Neben den Klassikern lassen sich alle Früchte verwenden und kombinieren.

Marmelade kochen Das Prinzip ist praktisch auch immer dasselbe. Man nimmt die Früchte, wäscht und entsteint sie, kocht sie bei geringer Hitze, bis sie weich sind, fügt dann den Gelierzucker hinzu und lässt alles unter stetem Rühren 20 Minuten sprudelnd kochen. Wichtig ist allerdings, dass man den richtigen Gelierzucker auswählt. Es gibt ihn in Verhältnissen von 1:1 bis 3:1. *Das heißt z.B. 1 kg Obst zu 1 kg Gelierzucker.* Je mehr Zucker eine Marmelade enthält, desto süßer ist sie am Ende natürlich. Bei ohnehin schon sehr süßen Früchten nimmt man also besser 3:1-Gelierzucker. Und umgekehrt.

Gelierprobe Wann die Marmelade fertig ist, das heißt, wann sie geliert ist, lässt sich mit der Gelierprobe herausfinden. Dazu legt man zu Beginn der Arbeiten eine Untertasse ins Kühlfach. Wenn die Masse „schwer" wird, gibt man einen Klecks auf die kalte Untertasse. Ist der gewünschte Geliergrad erreicht, bildet sich umgehend eine dünne Haut auf dem Marmeladenklecks.

Blitzblanke Gläser sind unerlässlich (mit Wasser auskochen), da die Marmelade sonst nicht haltbar ist. Man füllt die kochend heiße Masse in die ausgekochten Gläser, wobei der Rand unbedingt sauber bleiben muss, und stellt die verschlossenen Gläser für zwei bis fünf Minuten auf den Kopf, damit sich ein Vakuum bilden kann. Erst dann werden sie richtig herum zum Abkühlen aufgestellt.

Nun sollten die Deckel noch mit einem hübschen Stoff bespannt werden. Und natürlich braucht jede Marmelade ein Schildchen, auf dem steht, wann sie gekocht wurde, was drinnen steckt und … wie sie heißt. Hier gilt: Ein bisschen Fantasie, bitte!

Erdbeermarmelade

Die ist ja noch immer meine liebste. Ganz einfach, weil sie einfach nicht so einfach ist.

Man nehme:
1,5 kg Erdbeeren   Gelierzucker 3 : 1, also 0,5 kg
125 ml Zitronensaft

Erdbeeren waschen und vom Grün befreien. Große Früchte in Stücke schneiden. Mit Zitronensaft und etwas Wasser in einem Topf erwärmen. Häufig umrühren, aber die Früchte dürfen nicht kochen! Sind die Erdbeeren weich, wird der Zucker hinzugegeben und nun unter stetem Rühren ca. 20 Minuten sprudelnd zum Kochen gebracht. Dann die Gelierprobe und das Abfüllen in die Gläser, fertig!

Allerdings kann man statt Zitronensaft und Wasser auch frischen Orangensaft verwenden. Man könnte natürlich auch Holunderblütensirup nehmen, was Molly auf jeden Fall täte. Und nicht zuletzt verfeinert man den Geschmack mit dem Mark einer Vanilleschote oder einer Prise Pfeffer. Ja, sogar ein wenig aufgelöste Schokolade wäre denkbar. Ach, es gibt ja sooo viele wunderbare Kombinationen. Die muss man einfach ausprobieren!

Apfelmus

Auch wenn Äpfel mal nicht mehr so schön aussehen, weil sie zum Beispiel vom Baum gefallen sind, kann man aus ihnen noch das allerwunderbarste Apfelmus machen.

MAN NEHME:
1 kg reife Äpfel   2 EL Ahornsirup
ca. 4 EL Zucker   Mark einer Vanilleschote
1 TL Zitronensaft   1 TL Zimt

Äpfel schälen, vom Kerngehäuse befreien und in Stücke schneiden. Mit 100 ml Wasser und Zitronensaft in einen ausreichend großen Topf geben. Bei geringer Hitze köcheln lassen, bis die Früchte weich sind. Zucker, Ahornsirup, Zimt und Vanillemark hinzugeben. Unter stetem Rühren sprudelnd aufkochen lassen, bis der Zucker gelöst ist. Dann wie Marmelade in Gläser füllen oder in eine Schüssel geben und nach dem Abkühlen sofort genießen.

Ostfriesen-Glück
Rote Grütze mit Vanillesoße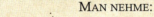

Man nehme:

250 g Erdbeeren   250 g Johannisbeeren
250 g Brombeeren   200 g Puderzucker
250 g Himbeeren   3 EL Sago zum Andicken

Früchte waschen, Erdbeeren evtl. vierteln und in einen Topf geben. Mit 100 ml Wasser und Zucker erhitzen, aber nicht kochen lassen! Nach ca. drei Minuten Sago hinzugeben und vorsichtig rühren, bis die Grütze angedickt ist. Dann entweder heiß über Vanilleeis geben oder abkühlen lassen und mit Vanillesoße genießen.

Mit Schokolade
Das macht jeden glücklich!

Die Wissenschaft hat festgestellt, dass Schokolade glücklich macht. Nun, da will ich natürlich nicht widersprechen!

Mollys Harte-Zeiten-Helfer
Brownies

Liebe Tilda, weißt du noch, als wir uns damals so vor dem Unwetter fürchten mussten? Was hätten wir da nur ohne Brownies gemacht, hm? Ich finde, du solltest mein Rezept auch haben.

Deine Molly

MAN NEHME:

375 g Butter, zimmerwarm	500 g Puderzucker
375 g Schokolade	225 g Mehl
6 Eier	300 g Walnüsse, gehackt
1 TL Vanillearoma	1 TL Salz

Ofen auf 180° C vorheizen. Und eine gefettete Brownieform oder eine flache Auflaufform bereitstellen. Zunächst die Butter und darin die Schokolade langsam schmelzen. Leicht abkühlen lassen. Eier und Vanillearoma schaumig schlagen. Dann Eier und Zucker, anschließend Mehl und Nüsse unterrühren. Ca. 25 Minuten backen. Achtung, die Brownies dürfen nicht zu trocken werden! Nach dem Abkühlen in Rechtecke schneiden und vorsichtig aus der Form heben.

Tantengrüße aus Amerika
Chocolate Chip Cookies 🍎

Na, so ein GLÜCK, dass Edna Verwandtschaft in den USA hat.. Sonst wären wir womöglich niemals an dieses Rezept gekommen.

Man nehme:

115 g Butter, zimmerwarm	150 g Weizenmehl
100 g weißer Zucker	½ TL Backpulver
100 g brauner Zucker	100 g Mandeln, gemahlen
1 Ei, verquirlt	150 g Schokoladenstückchen
Vanillearoma	

Ofen auf 180° C vorheizen. Backblech mit Backpapier bereitstellen. Butter mit zweierlei Zucker und ein paar Tropfen Vanillearoma verrühren. Danach das Mehl, Backpulver und Mandeln vermengen und zur Hälfte in die Eiermasse rühren. Erst dann die andere Hälfte einarbeiten. Schokoladenstückchen zufügen. Dann gleich große Bällchen aus dem Teig formen und mit ausreichend Abstand auf das Blech setzen. Leicht flach drücken und ca. 20 Minuten goldbraun backen.

Schokokuchen mit Schoko
Rührkuchen 🍎🍎

MAN NEHME:

3 TL Kakaopulver	200 g Magerquark
3–4 EL Milch	275 g Mehl
100 g Butter oder Margarine	1 P. Backpulver
150 g Zucker	1 Tafel Zartbitterschokolade
1 Prise Salz	Schokokuvertüre als Guss oder
3 Eier	Puderzucker zum Bestäuben

Butter, Zucker und Salz schaumig rühren, Eier dazugeben. Quark, Milch, Kakao unterrühren, Mehl und Backpulver verrühren, zufügen. Die Schokolade grob hacken und zum Teig geben. Den Ofen bei ca. 160° C vorheizen, den Kuchen etwa 45 Minuten lang backen.

Erdbeerküsschen
Erdbeeren mit Schokolade 🍎

Ich LIEBE Erdbeeren. Sagte ich das schon?

MAN NEHME:

einige große Erdbeeren	1 Tafel Schokolade

Erdbeeren waschen, das grüne Hütchen jedoch nicht entfernen. Gut abtropfen lassen.
Dann die Schokolade im Wasserbad schmelzen. Wer es nicht allzu süß mag, sollte Zartbitterschokolade nehmen. Dann die Erdbeeren zur Hälfte in die Schokolade tauchen und zum Abkühlen auf einen Teller mit Backpapier setzen. Möglichst zügig im Kühlschrank aushärten lassen und auf einem Puderzuckerspiegel servieren.

Kinderkram
Schokokrossies

Man nehme:
1/2 Paket Cornflakes, ungezuckert   1 P. Vanillezucker
2 Tafeln Schokolade

Die Schokolade im Wasserbad schmelzen und den Vanillezucker darin auflösen. Nun Cornflakes in die Masse geben. Mit einem Teelöffel nach und nach kleine Portionen entnehmen. Man setzt sie am besten auf Backpapier, wo sie möglichst zügig auskühlen sollen. Das Ganze funktioniert natürlich mit jeder Art Cornflakes – und ist auch mit weißer Schokolade ein Genuss!

Das ist wirklich Kinderkram, und was für ein leckerer!

Mit Äpfeln
Tildas Lieblingsrezepte

*Mein allergrößter Traum
Ist ein eigner Apfelbaum.
Drum pflanze ich und wart geduldig.
Das bin ich meinem Namen schuldig.*

Picknick im Paradies
Applepie

Merke: Das Geheimnis ist ein Hauch von Aprikose ...

Man nehme für die Füllung:

50 g Butter, zimmerwarm	1 gute Prise Zimt
75 g Zucker	Mark einer Vanilleschote
2 Nelken	750 g Äpfel, leicht säuerlich

Man nehme für den Belag:

125 g Butter, zimmerwarm	25 g Mehl, 1 Prise Salz
125 g Zucker	120 g Mandeln, gemahlen
Zitronenschale, fein gerieben	75 g Mandelblättchen
1 TL Vanillearoma	3 EL Aprikosenmarmelade
3 Eier, verquirlt	Puderzucker zum Bestäuben

Große Auflaufform mit Butter fetten und bereitstellen.
Für die Füllung Äpfel waschen, schälen, entkernen und in Stücke schneiden. Butter und Zucker langsam köcheln lassen, bis der Zucker sich aufgelöst hat. Nelken, Zimt und Vanillemark zugeben. Dann die

Ein wahrhaft paradiesischer Genuss aus der guten alten Zeit.

Äpfel unterheben. Unter stetem Rühren fünf Minuten köcheln lassen. Dann unbedingt die Nelken entfernen! Apfelmischung gleichmäßig in der Form verteilen und abkühlen lassen.
Den Ofen auf 180°C vorheizen.
Für den Belag Butter, Zucker, Zitronenschale und Vanillearoma cremig schlagen. Nach und nach die verquirlten Eier unterrühren. Mehl, Salz und die gemahlenen Mandeln vorsichtig untermengen. Auf die Äpfel geben und Oberfläche glatt streichen. Mandelblättchen darauf verteilen und 35 Minuten backen. Zu guter Letzt die Aprikosenmarmelade mit 2 EL Wasser verrühren und sehr dünn über die Mandelblättchen streichen. Vor dem Servieren mit Puderzucker bestäuben.

Wunderbarer Winterapfel
Bratäpfel mit Vanillesoße

MAN NEHME:

1 leicht säuerlicher Apfel pro Person	Mandelstifte
Rosinen	Honig
Marzipanrohmasse	Puderzucker

Ofen auf 180°C vorheizen.
Äpfel waschen und vom Kerngehäuse befreien. Aber einen Boden stehen lassen!
Zehn Minuten vorbacken. Aus Marzipan, Rosinen und Mandeln zu gleichen Teilen eine Masse kneten, die Äpfel damit füllen. Anschließend mit Honig und etwas Puderzucker garnieren und noch einmal 15 Minuten backen.
Äpfel auf einen Spiegel aus Vanillesoße setzen und leicht mit Puderzucker bestreuen. Absolut köstlich!

Schnell und köstlich
Tildas Crumble 🍎🍎

Eigentlich sollte es „Crumble der Saison" heißen. Man kann ihn nämlich ebenso gut mit Rhabarber, ja sogar mit Heidelbeeren machen. Was eben gerade da ist.

Man nehme:

4 Äpfel, süß	1 TL Backpulver
190 g brauner Zucker	50 g Kokosflocken
2 EL Ahornsirup	50 g Haferflocken
2 EL Zitronensaft	100 g Butter
120 g Mehl	

Ofen auf 180° C vorheizen. Gefettete Springform bereitstellen. Äpfel schälen, vom Kerngehäuse befreien und in Stücke schneiden. Dann die Äpfel mit 100 g Zucker, Ahornsirup und Zitronensaft ca. zehn Minuten köcheln, bis die Äpfel weich sind. Hin und wieder umrühren. 90 g Zucker, Backpulver, Haferflocken, Kokos, Mehl und Butter in eine Schüssel geben und mit den Fingerspitzen zu Streuseln verkneten. Apfelmasse in die Springform geben und mit den Streuseln bedecken. Ca. 30 Minuten backen. Dann heiß oder kalt servieren. Vanillesoße, Vanilleeis oder einfach Schlagsahne passen hervorragend dazu.

Äpfelchens Alpenglühen
Apfelstrudel mit Vanilleeis

DAS ist ganz genau das Richtige für Rupert. Er muss ja nur den Teig machen und kann sich dann schon wieder einen ganzen Tag ausruhen.

Man nehme für den Teig:
- 500 g Mehl
- 500 g Butter
- 500 g Quark

Man nehme für die Füllung:
- 1 P. Vanillepudding
- 2 EL Zimt
- $\frac{1}{2}$ l Milch
- 100 g Rosinen
- 2 EL Zucker
- 1 Eigelb
- 600 g Äpfel, leicht säuerlich
- Puderzucker zum Bestäuben

Mehl, Quark und Butter zu einem Teig verkneten. In Folie mindestens einen Tag kalt stellen.
Für die Füllung den Vanillepudding nach Packungsanleitung zubereiten. Äpfel schälen, entkernen und in 2-cm-Würfel schneiden. Dann Rosinen und Zimt zugeben.
Ofen auf 175°C vorheizen. Backblech mit Backpapier bereitstellen. Teig auf einer bemehlten Fläche 5 mm dick ausrollen. Pudding und Apfelmasse darauf verteilen. Dann vorsichtig zusammenrollen und mit Eigelb bestreichen. 20 Minuten auf mittlerer Schiene backen. Zum Servieren mit Puderzucker bestäuben und dazu Vanilleeis reichen.

Mit Nüssen
Die besten Nussrezepte von Edna Eichhorn

Nun, bestimmte Dinge sollte man besser den Profis überlassen. Darum lass ich mal die Hörnchen ran.

Von Tante Ilse (väterlicherseits)
Köstliche Haselnusstorte

Man nehme:

- 10 Eier
- 300 g Zucker
- 375 g gemahlene Haselnüsse
- 100 g Butter
- 200 g Vollmilchkuvertüre oder Zitronenguss*

Die Eiweiße mit dem Zucker steif schlagen. Butter, Eigelbe und Haselnüsse zu einer Masse verrühren, die Eiweiße gleichmäßig darunterheben. Den Teig in eine vorbereitete Form füllen und 75 Minuten bei 180°C backen. Den abgekühlten Kuchen aus der Form lösen und mit der im Wasserbad geschmolzenen Kuvertüre oder dem Zitronenguss bestreichen.

*aus 150 g Puderzucker und 1 EL Zitronensaft

Edna Eichhorns Marzipanknöpfchen
Marzipanplätzchen ohne Teig

Ich weiß, ich weiß, Mandeln sind keine Nüsse. Streng genommen jedenfalls nicht ...

Man nehme:

1 Paket Marzipanrohmasse	2 Tafeln Vollmilchschokolade
2 EL Puderzucker	Ganze Mandeln, geschält
Mehl zum Bestäuben	und abgerieben

Ofen auf 120°C vorheizen. Backblech mit Backpapier bereitstellen. Zunächst die Marzipanmasse mit dem Puderzucker vermengen. Dann auf einer mit Mehl bestäubten Fläche zu einer 3–5 cm dicken Rolle formen und ca. 1 cm breite Stücke abschneiden. Diese werden dann auf das Backblech gesetzt. Jeweils eine Mandel hineinstecken und backen, bis das Marzipan erste Bläschen zeigt. Das kann zwischen fünf und zehn Minuten dauern. Schokolade im Wasserbad erhitzen und die ausgekühlten Knöpfchen kopfüber eintauchen. Möglichst zügig auf dem Fensterbrett oder im Kühlschrank auskühlen lassen.

Hörnchens Siegerplätzchen
Erdnussbutterkekse

Übrigens: Billy und Benny haben mit genau diesen Plätzchen ihr erstes Blaues Band beim Alljährlichen Kuchen- und Marmeladenwettbewerb gewonnen.

Man nehme:

120 g Butter, zimmerwarm	2 TL Backpulver
120 g Zucker	1 Prise Salz
80 g brauner Zucker	75 g ungesalzene Erdnüsse, geröstet und gehackt
Mark einer Vanilleschote	
125 g Erdnussbutter mit Stückchen	100 g ungesalzene Erdnüsse, geröstet zum Garnieren
1 Ei, 175 g Mehl	

Butter mit beiden Zuckersorten schaumig schlagen. Vanillemark, Erdnüsse und Erdnussbutter unterrühren. Dann das verquirlte Ei, Mehl, Backpulver und Salz unterrühren. Den Teig abgedeckt eine Stunde kühlen lassen.

Ofen auf 180°C vorheizen. Backbleche mit Backpapier bereitstellen. Den Teig auf einer bemehlten Fläche zu einer Rolle formen und etwa 30 gleich große Stücke abteilen, zu Bällchen formen. Diese mit ausreichend Abstand auf die Bleche setzen und mit einer Gabel leicht flach drücken. Jedes Plätzchen mit drei Erdnüssen garnieren und ca. 15 Minuten backen.

Opa Eichhorns Lieblingsnascherei
Walnussplätzchen

Tipp Walnüsse sind so gut wie nie fertig gemahlen zu bekommen. Aber sie lassen sich in einer Nussmühle oder im Mixer ganz leicht selber mahlen.

Man nehme:

300 g Mehl	200 g Butter, zimmerwarm
200 g Zucker	150 g Walnüsse, gemahlen
1 P. Vanillezucker	3 EL Johannisbeergelee
1/4 TL Rum (oder Rumaroma)	1 EL Zitronensaft
1/4 TL Bittermandelöl	150 g Puderzucker
1 Prise Kardamom	Walnusshälften zum Garnieren
1 Prise Salz	

Mehl mit Zucker, Butter und gemahlenen Walnüssen zu einem Teig verkneten. In Folie zwei Stunden lang kalt stellen. Ofen auf 175°C vorheizen und Backblech mit Backpapier bereitstellen. Dann den Teig auf einer bemehlten Fläche 5 mm dick ausrollen und runde Plätzchen ausstechen. (Noch schöner wäre natürlich eine Eichhörnchen-Form.) Auf mittlerer Schiene zehn Minuten backen. Mit dem Gelee jeweils zwei Plätzchen zusammenkleben.

Wenn die Plätzchen abgekühlt sind, aus Puderzucker und Zitronensaft eine Glasur herstellen, die Plätzchen damit bestreichen und jeweils mit einer Walnusshälfte dekorieren.

Weihnachtliche Schlemmereien

Besondere Zeiten erfordern besondere Maßnahmen. Und das steht ja mal fest: Weihnachten ist etwas enorm Besonderes.

Tildas Sattmacher
Spekulatius-Kuchen ohne Backen

Man nehme:

- 600 g weiße Kuvertüre
- 3 Eier
- 2 TL Zimt
- 150 g Mandeln, gehackt
- 1 TL Gewürznelken, gemahlen
- 2 TL Anis, gemahlen
- 300 g Gewürzspekulatius
- Kakaopulver zum Bestäuben

Kuvertüre im Wasserbad schmelzen. Eier und Zimt (ebenfalls im Wasserbad) schaumig schlagen. Kuvertüre, Mandeln, Nelken und Anis untermischen.
Kastenform mit Klarsichtfolie ausschlagen, und die Masse abwechselnd mit Spekulatius hineinschichten. Vier Stunden lang kalt stellen. Danach den Kuchen aus der Form stürzen und die Folie entfernen. Mit der restlichen Kuvertüre überziehen, noch einmal abkühlen lassen und schließlich mit Kakao bestäuben.

Merken: Eine Portion reicht wirklich aus. Denn mehr als ein Stück kann nicht einmal Rupie verdrücken.

Bitte recht würzig!
Lebkuchen-Parfait

Man nehme:

3 Eier	1½ EL Lebkuchengewürz
3 Eigelbe	1½ EL Zitronat
120 g Zucker	1½ EL Orangeat
150 g Lebkuchen, gehackt	3 Becher Schlagsahne
50 g Mandeln, gehackt	

Eier, Eigelbe und Zucker im heißen Wasserbad schaumig schlagen. Lebkuchen, Mandeln, Lebkuchengewürz, Zitronat und Orangeat vorsichtig unterheben. Dann die Sahne steif schlagen und mit dem Schneebesen unterheben. Alles in eine Form geben und mindestens vier Stunden (besser über Nacht) einfrieren lassen.

Weihnachtlicher Apfelschmaus
Apfel-Spekulatius-Tiramisu

Auch an Weihnachten gilt: Ein Apfel täglich, dick und rund, erfrischt den Geist und hält gesund!

Man nehme:

1½ kg Äpfel, leicht säuerlich	1 TL Lebkuchengewürz
40 g Butter	250 g Quark
400 g Gewürzspekulatius	250 g Mascarpone
2 EL Rosinen	50 g Zucker
2 P. Vanillezucker	1 Becher Schlagsahne
1 EL brauner Zucker	Kakao zum Bestäuben

Äpfel schälen und in Stücke schneiden. Mit Rosinen, einem Päckchen Vanillezucker, Zucker und Lebkuchengewürz zehn Minuten in zerlassener Butter weich dünsten und abkühlen lassen.
Quark, Mascarpone und Zucker glatt rühren. Sahne mit dem zweiten Packchen Vanillezucker nicht ganz steif schlagen und unter die Quarkmasse ziehen. 200 g Spekulatius in eine flache Form schichten und mit Kakao bestäuben. Apfelmasse und Quarkcreme daraufschichten und alles wiederholen. Über Nacht in den Kühlschrank stellen und vor dem Servieren noch einmal mit Kakao bestreuen.

Ingrids weihnachtlicher Kuchenzauber
Gewürzschnitten

MAN NEHME:
4 Eier	2 TL Muskat
250 g Zucker	1 TL Zimt
1 P. Vanillezucker	1 Tasse Milch
125 g Butter oder Margarine	300 g Mehl
125 g geriebene Schokolade	1 P. Backpulver
125 g gemahlene Nüsse	Kuvertüre, Zuckerguss
1/2 TL gemahlene Nelken	und Streusel

Die Eier trennen, das Eigelb mit dem Zucker schaumig rühren, die Butter hinzufügen.
Die Gewürze und die restlichen Zutaten unterrühren. Das Eiweiß steif schlagen und unter die Masse heben. Den ziemlich flüssigen Teig auf ein mit Backpapier ausgelegtes Backblech streichen und 20 bis 25 Minuten bei 160°C auf mittlerer Schiene backen. Nach dem Erkalten mit Zucker- oder Schokoguss überziehen und mit Buntstreusel bestreuen.

Leckere Getränke

Oh, es ist ja so wichtig, genügend zu trinken! Und … es muss ja nicht immer Wasser sein.

Blütenmeer auf Eis
Holunderblütensaft

Man nehme:
5 große Dolden Holunderblüten   500 g Zucker
1 unbehandelte Zitrone   2 l Wasser

Dolden vom Strauch schneiden und die Insekten gründlich herausschütteln! Danach vorsichtig abspülen. Zucker mit kochendem Wasser in einem großen Topf auflösen. Zitrone in Scheiben schneiden und in das Wasser legen. Wenn das Wasser etwas über handwarm ist, die Dolden hineinlegen, den Topf abdecken, und alles einen Tag ziehen lassen. Anschließend den Saft durch ein Sieb gießen. Erneut auf dem Herd erhitzen, aber nicht kochen, und noch heiß in Flaschen mit Schraubverschluss abfüllen. Wer keinen Saft, sondern Sirup machen möchte, gibt vor dem zweiten Erhitzen noch einmal 500 g Zucker hinzu.

Achtung Im Gegensatz zu den zartsüßen Blüten des Schwarzen Holunders (Sambucus nigra) sind die bitteren Beeren im rohen Zustand giftig. Sie müssen daher auf jeden Fall gekocht oder verbacken werden. Dann wiederum sind sie wahre Vitaminbomben.

Tildas Sommerabend-Genuss
Milchshakes

MAN NEHME:
½ l Milch   2 EL Orangensaft
Früchte   1 TL Honig
Zimt   Mark einer Vanilleschote

Früchte nach Belieben mit den anderen Zutaten mixen (z. B. Erdbeeren mit Banane; Blaubeeren mit Vanillemark; Kiwi, Mandarinen mit Zimt, und so weiter). In ein hohes Glas füllen, Strohhalm dazu: Mmh!

Meisterlich waldmeisterlich!
Frische Maibowle

MAN NEHME:
10–15 große Erdbeeren   1 TL brauner Zucker
1 l Selters oder Sekt   5 Zweige mit frischen
1 TL Zitronensaft   Waldmeisterblättchen

Also: Sekt ist natürlich NUR für große Leute gedacht! Alle kleinen Mäuse, Billy und Benny und so weiter nehmen Selters. Selters oder Sekt in ein Bowlengefäß geben und Zucker darin auflösen (ohne dass die Kohlensäure verlorengeht). Dann die gewaschenen Waldmeisterblättchen hineinlegen. Erdbeeren waschen, in Stücke schneiden und ebenfalls in die Bowle geben. Zitronensaft einrühren, und alles eine Stunde lang kalt stellen.

Merken: Am 21. Mai ist mein Geburtstag. Das wird doch wohl niemand vergessen?

Tildas Kältevertreiber
Getränke zum Aufwärmen 🍎

Neben heißem Kakao bringen uns auch heiße Fruchtsäfte gesund über den Winter.

Heißer Apfelsaft, mit Zimt und Glühweingewürzen aufgekocht, ist köstlich und ungeheuer gesund.

Auch **heißer Zitronensaft,** mit einem Löffel Honig und ¾ Wasser versetzt, tut bei Erkältung gut. Weniger sauer und darum besser für den empfindlichen Magen sind Aufgüsse aus Sanddorn oder Hagebutten.

Das wunderbarste Heißgetränk ist und bleibt allerdings der gute alte **Tee!** Der hilft immer und macht wirklich ungeheuer ... glücklich!

Das reinste Glück

Die Stunden zogen über das kleine Dorf irgendwo zwischen den Hügeln hinweg und nahmen das schlechte Wetter mit sich.
In Tildas behaglicher Küche war es unterdessen wunderbar ruhig geworden. Die Freunde hatten sich bis oben hin mit den allerköstlichsten Leckereien vollgestopft und saßen nun vor dem warmen Ofen und hielten sich die kugelrunden Bäuche.
Natürlich hatten sie an diesem Tag nicht wirklich jedes von Tildas Rezepten in die Tat umgesetzt. Obwohl die kleine Mäuseküche genau danach aussah. Doch Tilda hatte jedes einzelne laut vorgelesen. Dabei hatten sich die Freunde an ihre gemeinsamen Picknickabenteuer erinnert oder schmunzelten bei dem Gedanken an ihre Weihnachtsfeste. Ach, das waren glückliche Stunden gewesen ... und würden es immer wieder sein.
Zufrieden sah Tilda ihren Freunden zu. Sie hatten Spaß, fühlten sich wohl – und Tilda selbst ... konnte in diesem Augenblick gar nicht glücklicher sein. Stolz strich sie über den abgenutzten Einband ihres Rezeptbuches und dachte: Das habe ich wieder einmal ausgezeichnet hinbekommen!

Notizen

Notizen

Notizen

Notizen

Notizen

Notizen

Notizen

Notizen